USAGES LOCAUX

AYANT FORCE DE LOI

DANS LE

DÉPARTEMENT DE L'AUBE,

RECUEIL OFFICIEL

PUBLIÉ

Avec l'assentiment et sous les auspices de

M. BÉLURGEY DE GRANDVILLE,

Officier de la Légion-d'Honneur,
Commandant de l'ordre de Saint-Grégoire-le-Grand,
Préfet du Département de l'Aube;

PAR

E. BERTHELIN,

Avocat, membre de la Société académique de l'Aube.

. . . . . . *Scripta manent.*

TROYES,
Chez **CARDON, Imprimeur, Editeur,** faub. St-Martin-ès-Vignes, 2.
DUFEY, Libraire, rue Notre-Dame, 79.

1856

USAGES LOCAUX

AYANT FORCE DE LOI

DANS LE

DÉPARTEMENT DE L'AUBE.

USAGES LOCAUX

AYANT FORCE DE LOI

DANS LE

DÉPARTEMENT DE L'AUBE,

RECUEIL OFFICIEL

PUBLIÉ

Avec l'assentiment et sous les auspices de

M. DÉLURGEY DE GRANDVILLE.

Officier de la Légion-d'Honneur,

Commandant de l'ordre de Saint-Grégoire-le-Grand,

Préfet du Département de l'Aube;

PAR

E. BERTHELIN,

Avocat, membre de la Société académique de l'Aube.

...... Scripta manent.

TROYES,

Chez **CARDON, Imprimeur, Editeur,** faub. St-Martin-ès-Vignes, 2.

DUFEY, Libraire, rue Notre-Dame, 79.

—

1856

A MONSIEUR BÉLURGEY DE GRANDVILLE,

PREFET DE L'AUBE.

MONSIEUR LE PRÉFET,

La Commission que vous avez chargée de coordonner et de résumer les travaux des Commissions cantonales, appelées à constater les usages locaux ayant conservé force de loi, a accompli sa mission, en adoptant le rapport de M. Angenoust, vice-président du tribunal civil, et en vous le transmettant comme l'expression de son avis sur cette importante matière.

Les documents qui sont résultés de cet ensemble de recherches seront pour le département d'une grande utilité pratique, quelqu'usage qu'en croie devoir faire ultérieurement l'Autorité supérieure. Aussi la Commission centrale a-t-elle décidé qu'il serait conservé copie du rapport de M. Angenoust dans les Archives du Tribunal.

En effet, soit que le Gouvernement se décide à ramener les usages locaux à des règles générales, soit qu'il s'arrête devant la difficulté de soumettre à une législation uniforme, jusque dans ses moindres détails, toutes les parties de l'Empire, toujours est-il que les justiciables s'applaudiront de pouvoir recourir à un Recueil officiel de ces usages, ou bien, pour se faire une juste idée des modifications apportées par la loi nouvelle, ou bien, si l'ancien état de choses continue de subsister, pour mieux connaître qu'on ne l'a pu jusqu'ici, une législation, qui, quoique ancienne, est souvent controversée et quelquefois mal appliquée, parce qu'elle n'est écrite nulle part, et ignorée de la plupart de ceux qu'elle intéresse.

Dans cette pensée, j'ai cru pouvoir, comme membre de la Commission centrale, utiliser l'honneur que vous m'avez fait, Monsieur le Préfet, de m'appeler à partager ses travaux, en recueillant avec soin copie de tous les procès-verbaux des commissions cantonales, et en y ajoutant, de l'aveu de l'honorable Rapporteur, le résumé qu'il a présenté à la Commission centrale, et qui a été adopté par celle-ci comme travail définitif.

Une telle compilation de constatations officielles des usages locaux, précédée d'un aperçu historique et théorique sur les anciennes coutumes en général, et en particulier sur celle qui régissait la partie de la Champagne englobée dans le département de l'Aube, en indiquant ce que le système des lois modernes a permis d'en conserver, serait, ce me semble, utilement consultée par les hommes spéciaux, de même qu'elle serait un guide pour une foule de justiciables que l'ignorance d'un usage local jette souvent dans de fausses démarches. Il suffirait de citer comme exemple les baux de toute nature qui sont régis par autant de règles diverses qu'il y a de cantons, et quelquefois de communes.

Permettriez-vous, Monsieur le Préfet, qu'un tel ouvrage, imprimé par mes soins, parût sous votre patronage, avec ce titre : *Recueil officiel des Usages locaux ayant force de loi dans le Département de l'Aube?* J'ose espérer que ce livre pourrait aspirer à l'honneur d'être un nouveau témoin des soins éclairés que vous donnez à l'administration de notre Département ; et si vous daignez, Monsieur le Préfet, accorder à l'auteur la satisfaction d'une réponse qu'il soit autorisé à faire figurer au frontispice, ce sera pour lui une heureuse occasion de vous exprimer sa reconnaissance.

J'aurai l'honneur, Monsieur le Préfet, de me présenter pour connaître vos intentions, et vous renouveler l'assurance des sentiments respectueux avec lesquels j'ai l'honneur d'être,

Monsieur le Préfet,

Votre très-humble et très-obéissant serviteur,

E. BERTHELIN,

Troyes, ce 25 juin 1856.

RÉPONSE DE MONSIEUR LE PRÉFET.

Troyes, 18 Octobre 1856.

A Monsieur BERTHELIN, Avocat à Troyes,

Monsieur,

Je vous remercie d'avoir pensé à placer sous mon patronage le Recueil officiel des usages locaux du département de l'Aube. Ce travail est, je le sais, le fruit de recherches consciencieuses, et forme un recueil qu'il sera toujours précieux de consulter et d'étudier. On y trouvera réunis et rapprochés dans un ordre assez restreint, et bien présentés, les souvenirs des vieilles coutumes de la Champagne.

Je ne puis qu'applaudir, je le répète, à vos efforts et à ceux des hommes honorables de notre département que j'ai été heureux d'appeler à coopérer à une œuvre aussi essentiellement utile.

Recevez, Monsieur, l'assurance de ma considération la plus distinguée,

Le Préfet de l'Aube,

Signé : A. BÉLURGEY DE GRANDVILLE.

CORRESPONDANCE ET ACTES OFFICIELS prescrivant la Recherche, la Constatation & la Vérification des Usages locaux ayant force de loi.

Paris, le 26 juillet 1844.

Monsieur le Préfet,

Plusieurs Conseils généraux des départements ont, dans leurs sessions des années dernières, exprimé le vœu que l'on s'occupât de constater et de recueillir, dans l'intérêt des services de l'administration et des tribunaux, les Usages locaux auxquels se réfèrent diverses dispositions législatives.

La loi, en effet, donne à l'Usage force de loi dans un assez grand nombre de cas ; ainsi le Code Napoléon a disposé que l'usufruit des bois (art. 590, 593), l'usage des eaux courantes (art. 644, 645), la hauteur des clôtures dans les ruelles et faubourgs (art. 663), la distance à garder entre les héritages pour les plantations d'arbres de haute tige (art. 671), les constructions susceptibles, par leur nature, de nuire au voisin (art. 674), les délais à observer pour les congés des locataires et les paiements des sous-locations (art. 1736, 1738, 1753, 1758, 1759), les réparations locatives ou de mince entretien (art. 1754, 1755); les obligations des fermiers entrants et sortants (art. 1777) auraient généralement pour règle l'*Usage des lieux, les Règlements particuliers, les Coutumes*; de même, la loi du 28 septembre, 6 octobre 1791, qui régit la police rurale, renvoie le parcours à l'*Usage local immémorial*, et aux *Coutumes*; de même encore, la loi du 14 floréal an XI subordonne *aux anciens Règlements* et *aux Usages locaux* la direction des travaux qui ont pour objet le curage des canaux et rivières non navigables et l'entretien des ouvrages d'art qui y correspondent. (1)

L'énumération de ces cas principaux suffit pour que l'on comprenne de quelle utilité serait, dans chaque département, un recueil des Usages, formé

(1) A cette nomenclature on peut ajouter l'article 479, § 12, du Code pénal, qui réprime les enlèvements de gazons, terres ou pierres sur les chemins publics, et de terres et matériaux sur les terrains communaux, à moins qu'il n'existe un usage général qui les autorise ; — l'article 6, n° 2 de la loi du 6 juin 1838, sur les justices de paix, qui renvoie aux usages et règlements locaux pour la distance des plantations d'arbres ou de haies. (Note de l'auteur.)

avec soin et revu par toutes les personnes de la localité les mieux instruites et les plus compétentes; on ne saurait sans doute l'imposer comme loi, mais les autorités, aussi bien que les particuliers, y puiseraient journellement des renseignements indispensables, et par degrés, on parviendrait à rectifier, et même à fixer d'une manière presqu'authentique, des usages parfois contradictoires et trop souvent mal connus; au moins ces documents seraient d'une grande importance pour l'élaboration d'un code rural demandé par le plus grand nombre des Conseils généraux de départements.

Il existe quelques exemples de travaux de ce genre, la société libre d'agriculture de l'Eure, après une sorte d'enquête qu'elle a ouverte dans son sein, a publié un résumé des Usages ruraux pour les cinq arrondissements du département. Un travail semblable a été fait, vers le même temps, dans le département d'Eure-et-Loire; mais il n'embrasse que plusieurs cantons. Enfin, M. Amédée Clausade, membre du Conseil général du Tarn, a recueilli, sous les auspices et grâce à l'appui de M. le Procureur général, près la cour royale de Toulouse, les Usages locaux de diverses natures qui sont en vigueur dans le département du Tarn.

Je vous invite, M. le Préfet, à soumettre au Conseil général cette question, et à le prier d'examiner s'il y a lieu de former un Recueil des Usages locaux dans le département : quelle sera la marche à suivre pour en assurer la bonne exécution, et quels encouragements pourront y être consacrés.

Recevez, etc.

Le Ministre secrétaire d'Etat de l'Intérieur,

Signé : T. DUCHATEL.

Paris, le 15 Février 1855.

Monsieur le Préfet,

Le 5 juillet 1850, le ministre qui dirigeait alors le département de l'agriculture et du commerce invita les Préfets des départements à lui faire connaître si, conformément aux prescriptions du ministère de l'Intérieur, en date du 26 juillet 1844, les Usages locaux avaient été recueillis dans les localités placées sous leur administration.

Dans le cas où ce travail aurait été fait, il les engageait à lui transmettre une copie ou un exemplaire de ce qui aurait été produit ou publié relativement à cet objet.

Quelques-uns de MM. les Préfets ont adressé à l'Administration centrale, en exécution de cette invitation, des copies ou exemplaires des travaux exécutés ou des publications faites; toutefois, ces envois ne concernent qu'un petit nombre de départements, et j'ai pensé qu'il serait utile de compléter cette grande enquête, qui peut donner au Gouvernement des indications précises sur les besoins de l'industrie agricole.

En conséquence, je vous serai obligé de vouloir prendre toutes les dispositions nécessaires pour faire constater et recueillir dans votre département tous les usages locaux, c'est-à-dire ceux qui ne sont pas le résultat évident et direct d'un article de la loi, et auxquels les applications qui en sont faites dans quelques localités ou dans la plupart d'entre elles, donnent un véritable caractère de généralité.

Dans ce but, vous désignerez dans chaque canton une Commission présidée par le Juge de paix, et composée du membre de la chambre consultative d'agriculture, du membre du conseil général, et de deux ou trois autres membres choisis parmi les officiers ministériels exerçant dans la localité et les cultivateurs les plus instruits.

Cette Commission fera son travail, qui sera vérifié par une Commission centrale établie près votre Préfecture, et dans laquelle vous ferez entrer les membres des cours ou tribunaux du chef-lieu, ainsi que plusieurs des jurisconsultes les plus renommés.

Je vais m'entendre, du reste, avec mon collègue M. le Garde des Sceaux, afin qu'il adresse aux fonctionnaires qui relèvent de son département les instructions nécessaires pour l'exécution des présentes dispositions.

Vous aurez le soin de me transmettre, dès que vous le pourrez, le résultat des travaux accomplis; mais vous voudrez bien dès à présent m'accuser réception de la présente circulaire et me faire connaître l'ensemble des mesures que vous aurez adoptées pour en assurer l'exécution.

Recevez, M. le Préfet, l'assurance de ma considération très-distinguée.

Pour le Ministre :

Le Conseiller d'État Directeur général de l'Agriculture et du Commerce,

Signé HEURTIER.

COMPOSITION DES COMMISSIONS CANTONALES.

ARRONDISSEMENT DE TROYES.

TROYES. (1er, 2e et 3e cantons.)

MM.

Lépine, juge de paix, Président.
Rousselet, juge de paix.
Regnault, juge de paix.
Léon Boilletot, membre du Conseil général.
Ferrand-Lamotte, membre du Conseil général.
Aucoc, notaire à Troyes.
Millière, membre de la Chambre consultative d'Agriculture.
Gallice D'Ambly, idem.
Masson, Victor, idem.
Lebrun-Dalbanne, 2e Adjoint à Troyes.
Contat-Rivière, propriétaire, cultivateur à Saint-Benoît-sur-Seine.
François, Maire de Villechétif.
Argence, avocat à Troyes.
Dutreix, avoué à Troyes.
Dupont, Amédée, propriétaire, cultivateur à Montgueux.
Lutel, Maire de Saint-Martin-ès-Vignes.
Julien, notaire à Saint-Lyé.
Lasneret, maître de poste à Troyes.
Regnault-Pillard, propriétaire à Saint-Parres-les-Tertres.
Tarin-Blampignon, propriétaire à Linçon.
Continant, Maire à Laines-aux-Bois.

CANTON D'AIX-EN-OTHE.

MM.

Vérollot, juge de paix, Président.
Le baron d'Ambly, membre de la Chambre consultative d'Agriculture.
Coudrot, membre du Conseil d'arrondissement et notaire.
Trouvé, ancien notaire à Saint-Mards.
Hugot, huissier à Saint-Mards.
Lemoine, percepteur à Rigny-le-Ferron.

CANTON DE BOUILLY.

MM.

Jarrault, juge de paix, Président.
Bonami de Villemereuil, membre du Conseil général et de la Chambre consultive d'Agriculture.
Huot, notaire à Saint-Jean-de-Bonneval.
Honnet, Maire à Bouilly.
Bourguignat, propriétaire, cultivateur aux Bordes.

CANTON D'ERVY.

MM.

Cornat, juge de paix, Président.
Truchy, Hippolyte, membre du Conseil général.
Rambourgt père, Président de la Chambre consultative d'Agriculture.
Quincerot, membre du Conseil d'arrondiss., d'Agricult., ancien notaire à Ervy.
Panon, Adjoint à Ervy.

CANTON D'ESTISSAC.

MM.

Guyot, juge de paix, Président.
Costel, membre de la Chambre consultative d'Agriculture.
Prévost, ancien notaire à Bucey.
Bacquet, Maire à Villemaur.
De Mainville, propriétaire à Estissac.

CANTON DE LUSIGNY.

MM.

Thomas, juge de paix, Président.
Le comte Ed. de Mesgrigny, membre du Conseil général.
Le vicomte Grundler, membre du Conseil d'arrondissement et de la Chambre consultative d'Agriculture.
Foizel, notaire à Lusigny.
Jacquot, Adjoint à Lusigny.

CANTON DE PINEY.

MM.

Colarey, juge de paix, Président.
Doé, Charles, membre du Conseil général.
D'Auzon fils, membre de la Chambre consultative d'Agriculture.
Briet, notaire à Piney.
Merlat, propriétaire à Piney.

ARRONDISSEMENT D'ARCIS.

CANTON D'ARCIS.

MM.

Doulet, juge de paix.
Marquis de la Briffe, membre du Conseil général.
Tardy fils, membre de la Chambre consultative d'Agriculture.
Ludot, ancien notaire.
Aviat, notaire.
De Viène, notaire.
Guerrier, avoué.
Chandellier, huissier.
Bertrand fils, propriétaire, cultivateur.

CANTON DE CHAVANGES.

MM.

Courtalon, juge de paix.
Vauchelet, membre du Conseil général.
Royer, membre de la Chambre consultative d'Agriculture.
De Bange, propriétaire.
Menuel, propriétaire, ancien notaire à Saint Léger.
Choppin, Maire à Arrembécourt.
Travaillot, Louis, père, propriétaire à Chassericourt.

CANTON DE MÉRY.

MM.

Lutel-Dereins, juge de paix.
Jacquemin, membre du Conseil général.
De Chavaudon, Adolphe, membre de la Chambre consultative d'Agriculture.
Patenôtre père, membre de la Chambre consultative d'Agriculture.
Huguier, propriétaire et Maire à Méry.
Fèvre, notaire.
Collas, propriétaire et Maire à Droupt-Saint-Basle.

CANTON DE RAMERUPT.

MM.

Chifflard, juge de paix.
Marquis de Dampierre, membre du Conseil général.
Cousin-Hariot, membre de la Chambre consultative d'Agriculture.
Savetiez, notaire à Dampierre.
Maîtret, notaire à Pougy.
Delatour, ancien huissier à Ramerupt.
Trusson, percepteur à Lhuître.
Mauffroy, Maire à Avant.

ARRONDISSEMENT DE BAR-SUR-AUBE.

CANTON DE BAR-SUR-AUBE.

MM.

Legrand, Président du Tribunal civil, Vice-Président de la Chambre consultative d'Agriculture, Président
Jourdain, Procureur impérial.
Désétangs, juge de paix.
Jeoffroy, Eugène, ancien notaire, propriétaire.
Debauffres, maître de poste, propriétaire.
Chardon, Maire de Proverville.

CANTON DE BRIENNE.

MM.

Colarey, juge de paix, Président.
De Maupas père, membre du Conseil général.
Chavance, ancien notaire, Maire de Brienne.
Jacquot, propriétaire, membre de la Chambre consultative d'Agriculture.
Allard, notaire à Brienne.
Delacour, propriétaire, Maire de Rosnay.

CANTON DE SOULAINES.

MM.

Nioré, juge de paix, Président
De Lassus, membre du Conseil général et de la Chambre consultat. d'Agricult.
Bouchu, Paul, propriétaire et membre de la Chambre consultative d'Agriculture.
Darnet, notaire à Soulaines.
Benoît, propriétaire et Maire à Petit-Mesnil.
Henry, propriétaire et Maire à Thil.

CANTON DE VENDEUVRE.

MM.

Beaugrand, juge de paix, Président.
Bourlon, Paul, membre du Conseil général.
Dauvée, propriétaire, membre de la chambre consultative d'Agriculture.
De Brienne père, notaire honoraire.
Angenoust, propriétaire, Maire de Vendeuvre.
Blagnot, propriétaire et Adjoint à Vendeuvre.

ARRONDISSMENT DE BAR-SUR-SEINE.

CANTON DE BAR-SUR-SEINE.

MM.

Le juge de paix, Président.
Maillet, membre du Conseil général.
Patour, propriétaire.
Blavot, ancien notaire.
Cheurlin, avoué.
Boulard, membre de la Chambre consultative d'Agriculture.

CANTON DE CHAOURCE.

MM.

Le juge de paix, Président.
Moreau, membre du Conseil général.

Regnault-Quincerot, membre de la chambre consultative d'Agriculture.
Prévost, propriétaire.
Habert, notaire.
Cheurlin, ancien notaire et Maire.

CANTON D'ESSOYES.

MM.
Le juge de paix, Président.
Bourbonne, membre du Conseil général.
Dubois, membre de la Chambre consultative d'Agriculture.
Bacquias, notaire.
Tapprest, notaire.
Brévost, Maire et propriétaire.

CANTON DE MUSSY-SUR-SEINE.

MM.
Le juge de paix, Président.
Moysen, membre du Conseil général et de la Chambre consultat. d'Agriculture.
Cinget, notaire.
Bélorgeot, notaire.
Douge, propriétaire et greffier.
Millot-Remy, Maire.

CANTON DES RICEYS.

MM.
Le juge de paix, Président.
Ray, membre du Conseil général.
Robin, membre de la Chambre consultative d'Agriculture.
Ménétrier, notaire.
Landry, notaire.
Babeau-Raymond, propriétaire.

ARRONDISSEMENT DE NOGENT-SUR-SEINE.

CANTON DE MARCILLY-LE-HAYER.

MM.
Le juge de paix, Président.
Danrée-Godier, membre de la Chambre consultative d'Agriculture, à Rigny-la-Nonneuse.
Fromant, membre du Conseil général, à Bercenay-le-Hayer.
De Mellanville, propriétaire à Marcilly-le-Hayer.
Martinet, Auguste, propriétaire, idem.
Debris, notaire, idem.
Mention, ancien notaire, idem.

CANTON DE NOGENT.

MM.

Le juge de paix, Président.
Poletnich, membre du Conseil général, à Nogent-sur-Seine.
Bertin-Delaunay, membre de la Chambre consultative d'Agriculture.
Bonenfant, avoué à Nogent.
Etienne, avoué à Nogent.
Langlois, notaire à Nogent.
Roussat, propriétaire à Nogent.

CANTON DE ROMILLY-SUR-SEINE.

MM.

Le juge de paix, Président.
Vincent, membre du Conseil général, à Romilly.
Boudard-Herluison, membre de la Chambre consultative d'Agriculture.
Lenfant, notaire à Romilly.
Vernier-Fanielle, cultivateur à Romilly.
Rémond, cultivateur et Maire à Fontaine-Saint-Georges.
Jacob, cultivateur et Maire à Saint-Hilaire.

CANTON DE VILLENAUXE.

MM.

Le juge de paix, président.
Corrard-Fagot, membre du Conseil général, à Villenauxe.
Rozay, membre de la Chambre consultative d'Agriculture, à Villenauxe.
Gennerat, Edme, cultivateur à Périgny-la-Rose.
Moret, Laurent, Maire à la Saulsotte.
Lignon, Jean, notaire à Villenauxe.
Huez, Jean-Baptiste-Théodore, à Villenauxe.
Bertholle, Nicolas, huissier à Villenauxe.

PRÉFECTURE DE L'AUBE.

Nous, PRÉFET du département de l'Aube,

Vu la circulaire de Son Excellence le Ministre de l'agriculture, du commerce et des travaux publics, en date du 15 Février 1855, ayant pour objet de faire constater et recueillir dans les départements tous les usages locaux, c'est-à-dire ceux qui ne sont pas le résultat évident et direct d'un article de loi, et auxquels les applications qui en sont faites dans quelques localités, ou dans la plupart d'entre elles, donnent un véritable caractère de généralité.

Vu le travail rédigé par les commissions désignées pour les divers cantons du département, en exécution de la circulaire précitée,

ARRÊTONS :

ART. 1er.

Le travail préparé par les commissions cantonales pour la constatation des

Usages locaux, en ce qui concerne le département de l'Aube, sera vérifié par une commission centrale dont sont appelés à faire partie :

MM. Corrard de Breban, président du tribunal civil de Troyes, président.
Angenoust, vice-président.
Yvert, juge d'instruction.
Fortin, Delahuproye, Mailly, Gressier, Huvier, Gambet, juges.
Rambourgt, Blampignon, Robin, Gauthier, juges suppléants.
M. le Procureur Impérial.
MM. les Substituts.
Argence et Berthelin, avocats.
Dutreix et Delacroix, avoués.
Couturat, notaire.

ART. 2.

La commission se réunira au Palais de Justice, sur la convocation de son président, auquel le présent arrêté sera adressé pour recevoir son exécution.

Fait à Troyes, le 21 novembre 1855.

Signé : A. BÉLURGEY DE GRANDVILLE.

Pour Expédition :

Le Conseiller de préfecture, secrétaire général,
Signé : PELÉE DE ST-MAURICE.

DES ANCIENNES COUTUMES [1].

§ I.

DE L'ORIGINE DES COUTUMES ET DE LEUR RÉDACTION.

Les auteurs ne sont pas d'accord sur l'origine des coutumes. — Montesquieu en place l'époque aux invasions des Normands, aux guerres intestines qui désolèrent les règnes malheureux qui suivirent celui de Charlemagne, au moment, par conséquent, où la féodalité prit naissance. — Merlin (*Rép.*, v° *Coutume*, § 1er) est aussi de cet avis. — M. Laferrière (dans son *Histoire du droit français*) fait également dériver les coutumes de la féodalité. — Mais cette opinion est vivement combattue par Klimrath, dans un article sur l'*Histoire du droit français* de M. Laferrière. — V. *Revue de législation*, par Wolowski, t. 4, p. 55 et suiv., et Klimrath, *Travaux sur l'Histoire du droit français*, t. 1er, p. 113. — Selon M. Klimrath, la source des coutumes est le droit germanique. Voici comment il s'exprime à cet égard : « Les germes déposés dans les mœurs germaniques, dit-il, se sont développés dans des situations diverses, sous des formes différentes appropriées aux besoins de chacune des époques franque, féodale et moderne. L'ensemble de ces formes constitue le système historique du droit coutumier, qui n'est point né du droit féodal, mais dont le droit féodal est un épisode, ou, si l'on veut, un chapitre (p. 61). »

Quoi qu'il en soit, les coutumes qui régissaient la France avant la révolution offrent sous un double rapport le plus puissant intérêt. Par leur diversité, elles retracent mieux qu'aucun ordre de faits la vive image de cette France du moyen âge, si morcelée dans son territoire, si bigarrée en apparence, parce qu'elle était riche et inépuisable dans les manifestations spontanées de son activité nationale. Par leur unité, au contraire, par l'identité de leur esprit, elles ont pu aspirer à se fondre dans un droit commun, consigné dans un texte unique sous la sanction législative ; elles ont pu devenir la source où ont puisé largement les rédacteurs du Code civil. — Klimrath, *Etudes sur les coutumes*

---

(1) Les arrêts cités sont indiqués selon la nouvelle édition du *Journal du Palais*, on les trouvera également dans tous les autres recueils d'arrêts, soit à leur date, soit en consultant les tables chronologiques.

(*Revue de législation*, t. 6, p. 107); Eschbach, *De l'utilité d'un cours d'encyclopédie du droit* (même *Revue*, t. 16, p. 344 et 345).

Transmises d'abord par la tradition et la jurisprudence, les coutumes, à mesure qu'elles devinrent plus complètes et plus précises, furent rédigées par écrit, soit par les tribunaux, soit par les particuliers. — Indépendamment de Pierre de Fontaines, des établissements de Beaumanoir et de quelques autres, les procès-verbaux mêmes de la rédaction des coutumes font mention d'anciens livres, papiers et registres coutumiers. Les uns étaient des ouvrages, des sortes de traités, où des particuliers s'étaient efforcés d'exposer les règles coutumières dont ils devaient la connaissance à leur expérience pratique ; les autres étaient ce que Bouteillier *appelle le livre coutumier du greffe*, c'est-à-dire un recueil des coutumes tenues pour vraies en jugement, et enregistrées par le greffier par forme de mémorial. Ce livre coutumier du greffe et les coutumiers, rédigés par les particuliers, n'avaient aucune autorité obligatoire ni exclusive, telle que les coutumes rédigées officiellement en ont joui depuis. — Klimrath, *ubi suprà*, p. 132 et 133.

La première rédaction officielle des coutumes a été prescrite par Charles VII. — L'ordonnance rendue par ce prince à Montil-lès-Tours, en avril 1453, sur la demande des Etats généraux, porte (art. 123) ce qui suit : « Ordonnons que les coutumes, usages et styles de tous les pays de notre royaume soient rédigés, mis en écrit par les coutumiers, praticiens, et gens de chacun pays de notre royaume, lesquels coutumes, usages et styles seront apportés devant nous pour les faire voir et visiter par les gens de notre conseil ou de notre parlement, et par nous les décréter et confirmer ; et iceux usages et styles, ainsi confirmés et décrétés, seront observés et gardés ès-pays dont ils seront, et ainsi dans notre cour de parlement ès-causes et procès d'iceux pays, sans autres preuves que ce qui aura été écrit audit livre. » — L'ordonnance défendait, en outre, à tous avocats de proposer et à tous juges d'admettre d'autres coutumes que celles qui auraient été rédigées officiellement, de l'avis des Etats, sous l'autorité du roi.

Charles VIII imprima une nouvelle impulsion à la rédaction des coutumes par ses lettres-patentes des 28 janvier 1493 et 15 mars 1497. Par la première de ces lettres, il détermina la forme des assemblées et le mode de la rédaction des cahiers, et enjoignit aux officiers des lieux de lui envoyer ces cahiers, en forme due et authentique. Un grand nombre de coutumes furent rédigées en vertu de ces lettres-patentes. (V. l'énumération qui en a été faite par Klimrath dans son article *Sur les coutumes*, *loc. cit.*, p. 112). — Mais les difficultés qui s'étaient élevées au sujet des formalités prescrites par les lettes-patentes précitées donnèrent lieu à celles du 15 mars 1497, par lesquelles Charles VIII ordonna la publication immédiate d'un certain nombre de coutumes. On trouve aussi dans ces lettres la première trace du désir de modifier les coutumes en même temps qu'on les rédigeait. On y rappelle que les officiers des lieux chargés de rédiger les coutumes avec les praticiens et les gens des trois Etats, devaient aussi donner leur avis sur ce qui leur semblerait devoir être corrigé, ajouté, diminué ou interprété.

Louis XII, par ses lettres d'édit données à Blois le 4 mars 1505, renouvela les lettres de Charles VIII et en ordonna l'exécution. A ce prince appartient la gloire d'avoir doté le royaume des premières coutumes rédigées officiellement et revêtues de la sanction du législateur. L'exécution des lettres de 1505 embrasse deux ordres de faits, la rédaction des coutumes qui ne l'avaient point été encore, et la publication des coutumes rédigées. — Klimrath, p. 115.

Les changements de règnes retardèrent la rédaction et la publication des coutumes. De François 1er à Henri IV, on voit, aux coutumes publiées pour la première fois, se joindre la réformation de celles qui avaient été une fois déjà, non-seulement rédigées, mais publiées et décrétées en due forme. — Le 7 août 1520, François Ier donna des lettres pour la réformation des coutumes du Bourbonnais. — Mais c'est en 1555 que se trouve le premier exemple d'une coutume véritablement nouvelle et réformée. C'est aussi à partir de cette année que l'on voit le président de Thou occupé pendant vingt-cinq ans, comme principal commissaire de la rédaction et de la réformation des coutumes. — Sous Charles IX, les coutumes du duché de Bourgogne rédigées en 1459 (V. *suprà* n° 7), furent réformées et interprétées par ordre du roi. — Le règne de Henri III vit aussi la rédaction ou la réformation de quelques coutumes importantes. Les lettres du 12 mai 1575, notamment, ordonnèrent la réformation de la coutume de Bretagne, à cause de l'obscurité de l'ancienne. Mais, avec le règne de Henri III s'arrêta le grand travail de la rédaction officielle des coutumes de France. — Sous Henri IV et ses successeurs, il n'arriva plus que rarement qu'une coutume fût rédigée. — Voir, pour l'énumération des coutumes rédigées et publiées depuis Charles VII jusqu'à la révolution française, l'article précité de Klimrath, *Etudes sur les coutumes*.

En 1789, on comptait dans le royaume environ soixante coutumes générales, c'est-à-dire qui étaient observées dans une province entière, et environ trois cents coutumes locales qui n'étaient observées que dans une seule ville, bourg ou village. — Merlin, *Rép.*, vo *Coutume* § 1er.

La coutume de Paris, aussi appelée la coutume de la prévôté et vicomté de Paris, mérite une mention particulière, comme étant une des principales sources du Code civil. Sa première rédaction officielle est de 1510, et sa réformation de 1580. Son application s'étendait quelquefois hors de Paris, dans des juridictions étrangères à son ressort.

§ II.

DES DIFFÉRENTES SORTES DE COUTUMES.

Les coutumes étaient *générales* ou *locales*. Les premières étaient observées dans une province entière ; les secondes n'étaient obligatoires que dans une seule ville, un bourg ou un village. Chaque coutume tirait son nom du territoire dans lequel elle était observée, ou de la juridiction qui devait l'appliquer.

Les coutumes locales modifiaient les coutumes générales dans leur application. — V. Klimrath, *Etudes sur les coutumes* (*Rev. de Législ.*, t. 6, p. 171, 185, 187, 190, 200).

§ III.

DE L'AUTORITÉ DES COUTUMES OU DE LEUR FORCE OBLIGATOIRE.

Les coutumes qui avaient été rédigées par écrit, de l'autorité du prince, n'acquéraient pas encore par cela seul force obligatoire : il fallait en outre qu'elles fussent enregistrées au parlement ; alors elles tenaient lieu de lois pour tous ceux qui leur étaient soumis. — Denizart, vo *Coutume ;* Merlin, *ubi suprà*.

Des coutumes dont la rédaction n'avait jamais été ni ordonnée ou approuvée par le législateur, ni enregistrée dans les tribunaux souverains, conservaient également force de loi, lorsqu'elles avaient été constamment observées par tous ceux qui vivaient ou qui avaient des biens dans leur territoire. C'est ce qui avait été jugé par un arrêt du parlement de Flandre du 12 juin 1731, rapporté par Merlin, *Quest. de droit*, vo *Coutume ;* § 2 (V. encore le même auteur, *Rép.*, *eod. verb.*, § 1er); mais la jurisprudence avait unanimement refusé force obligatoire à ces sortes de coutumes, quand elles n'étaient pas *notoires*, et que la pratique n'en était ni uniforme, ni constante. — V. arrêts du parlement de Paris des 12 janvier, 27 mai 1700 ; 22 décembre 1732 ; 3 septembre 1734, indiqués par Merlin (*Quest. de droit, verb. cit.*), où il cite aussi dans le même sens plusieurs autres arrêts du parlement de Flandre.

Les coutumes qui étaient revêtues de l'autorité publique, c'est-à-dire sanctionnées par le roi et enregistrées par le parlement, étaient de vraies lois de l'état ; et, par cette raison, les arrêts des cours souveraines qui les enfreignaient n'étaient pas moins sujets à la cassation que s'ils eussent violé les ordonnances, les édits, les déclarations du roi. — Merlin, *Rép.*, v[is] *Coutume*, § 2, et *Cass.*, § 2, n° 6.

On tenait communément que les coutumes étaient de droit étroit, c'est-à-dire qu'elles ne pouvaient recevoir d'extension d'un cas à un autre. Leur autorité était aussi limitée à leurs territoires respectifs, par une conséquence nécessaire de principe : *extrà territorium jus dicenti impunè non paretur.* — L. 28, *Dr. de juridict.* — Merlin, *Rép.*, v° *Coutumes*, § 2 et 3. — V. sur la délimitation du territoire de chaque coutume, Klimrath, *Etudes sur les coutumes ; Revue de législation*, t. 6, p. 161 et suiv.

Depuis le Code civil et le Code de procédure, toutes les dispositions des coutumes relatives aux matières dont se sont occupés ces deux Codes, ont été abrogées. — En effet, l'art. 7, L. 30 vent. an XIII, sur la réunion des lois civiles en un seul corps, est ainsi conçu : « A compter du jour où les lois sont exécutoires, les lois romaines, les ordonnances, *les coutumes générales* ou *locales*, etc., cessent d'avoir force de loi générale ou particulière dans les matières qui sont l'objet desdites lois composant le présent Code. » — L'art. 1041, C. procéd., contient une disposition semblable. — Il résulte de ces deux articles que les dispositions des coutumes, sur les points mêmes où elles n'ont rien de contraire au Code civil ou au Code de procéd., ne sont plus obligatoires. — Toullier, t. Ier, n° 157.

Mais, forcés de juger sans pouvoir s'en dispenser, sous prétexte du silence ou de l'insuffisance de la loi, les tribunaux peuvent encore invoquer le droit coutumier pour décider les espèces qui n'ont pas été prévues par les lois actuelles. — Merlin, *Rep.* v° *Coutume*, § 7 ; Toullier, t. Ier, n° 157; Eschbach, *De l'utilité d'un cours d'encyclopédie du droit* (revue de législation, t. 16 p. 344 et 345.)

Toutefois, la violation d'un article de coutume ne saurait, dans ce cas, donner ouverture à cassation. — Eschbach, *ubi suprà.*

D'un autre côté, la loi n'ayant pas d'effet rétroactif, tous les actes qui ont été passés et tous les droits qui se sont ouverts sous l'empire des coutumes avant leur abrogation, doivent encore aujourd'hui être régis par les dispositions de ces coutumes. — *Cass.*, 10 janv. 1825, Denis c. Desars; — Merlin et Eschbach, *loc. cit.*

Cependant un arrêt qui statue sur des contestations élevées à l'occasion de ces actes ou de ces droits, ne peut être cassé pour avoir interprété la disposition d'une coutume, s'il a prononcé conformément à l'opinion des commentateurs les plus estimés. — *Cass.*, 18 fév. 1840 (t. 1er 1840, p. 640), Micheau et Friquet c. la commune de Lantage.

Enfin, un grand nombre de dispositions de notre droit ont une origine purement coutumière ou mélangée de droit coutumier. Les coutumes de Paris et d'Orléans, notamment, sont une des principales sources du Code civil. Dès-lors, les coutumes sont les éléments de l'interprétation la plus sûre et la plus féconde qui se puisse faire du Code civil. — Toullier, t. 1er, no 158; Klimrath, *Etudes sur les cout.*; *Revue de législ.* t. 6, p. 107; Eschbach., *eod. loc.*

§ IV.

A QUELLE LOI DEVAIT-ON RECOURIR POUR LES CAS NON DÉCIDÉS PAR LES COUTUMES.

Lorsqu'il se trouvait un cas non prévu par une coutume, était-ce au droit romain ou aux coutumes voisines, ou à celle de Paris, qu'il fallait avoir recours? Quelques jurisconsultes voulaient qu'on se référât à cette dernière coutume, comme mieux rédigée et embrassant un plus grand nombre de cas (Denisart, vo *Coutume*); mais Merlin (*Rep.* vo *Coutume*, § 3), fait remarquer, avec raison, que cette coutume n'avait pas non plus tout prévu, et que d'ailleurs elle n'avait pas plus d'autorité que les autres hors de son territoire. Aussi l'opinion généralement admise était qu'on devait d'abord demander à des coutumes voisines la solution de la difficulté non décidée par une autre coutume. — Domat. *L. civ.*, t. 1, sect. 2, n. 20. — Si aucune de ces coutumes voisines n'avait prévu la question, il fallait consulter l'esprit des autres coutumes. Si, enfin, on ne trouvait aucune loi municipale qui se fût expliquée, et que le droit romain présentât une solution, on pouvait alors l'employer comme l'autorité de la raison écrite. — Merlin, *ubi suprà.* et vo *Autorité*, no 5.

Jugé aussi que, quand le texte d'une coutume était obscur, il fallait en chercher l'interprétation plutôt dans les coutumes voisines que dans le droit romain. — *Cass.*, 29 déc. 1829. Lespès c. Dufau.

Il y avait au surplus des coutumes pour lesquelles la question était expressément décidée par les lettres patentes qui les confirmaient. C'est ainsi que les lettres patentes de François Ier, pour la rédaction de quelques coutumes, ordonnèrent que, pour les cas qui ne seraient point prévus par les rédacteurs, on aurait recours au droit romain. — Merlin, *Rep.* v[is] *Coutume*, § 3, et *Autorité*, n° 5.

Mais, lorsque le décret d'homologation d'une coutume locale contenait un renvoi *au droit écrit*, il fallait entendre par ce renvoi la *coutume générale du pays*, et non pas le *droit romain*, auquel le recours ne pouvait être que *subsidiaire*. — *Bruxelles*, 12 mars 1853, Decoster.

Si la coutume générale disposait, dans un sens restrictif, conformément à son antécédent, elle était applicable à la coutume locale dont l'antécédent contenait une disposition illimitée. — Même arrêt.

COUTUME DE TROYES.

Articles ayant le caractère d'usage et qui, à ce titre, sont encore appliqués par les tribunaux suivant les prescriptions du Code Napoléon (1).

Art. 61. Ceux auxquels appartiennent héritage, maisons, places ou édifices à Troyes, joignant et contigus les uns aux aultres, ne acquièrent l'un sur l'aultre aucune servitude, ne possession de porter et soustenir toutes voies d'huys, fenestres ou passages les uns sur les aultres, par quelque temps qu'ils aient permis ou souffert les choses devant dictes, ce n'estait que de ce eust tiltre exprèz.

62. Chacun peut élever son édifice sur sa place, tout droit aplomb et à ligne, si hault, et avaler si bas que bon luy semble, et contraindre son voisin à retraire chevrons, et toutes aultres choses qu'il trouvera portant sur sa place, non obstant que, par long temps ils y eussent été.

63. Si d'adventure il y a un mur, cloison ou closture metoyenne en-

---

(1) Voir en outre des textes indiqués dans la circulaire du Ministre, les dispositions des articles 691 et 2281 du Code Napoléon, relatifs aux *Prescriptions*.

tre deux voisins, et elle déchet va à ruine, l'un peult contraindre l'aultre à contribuer à la réparation ou soustenement d'icelle, ou à renoncer à la communauté de la dicte closture.

64. On ne peult faire four en son héritage, contre le four ou mur de son voisin, s'il n'y a pied et demi d'épaisseur entre deux. Et pareillement on ne peut faire chambres aisées contre son voisin, s'il n'y a pied et demi d'épaisseur.

Nota. Plusieurs localités limitrophes du département étaient régies par les coutumes voisines, notamment par celles de Sens et de Chaumont.

DES USAGES LOCAUX EN GÉNÉRAL [1].

On peut définir l'usage, avec le président Bouhier (*Observat. sur la cout. de Bourgogne*, chap. 13, nº 34) : « Tout ce qui se pratique d'ordinaire dans un pays, par rapport aux différentes affaires qui se traitent parmi les hommes. » Cette définition a été aussi adoptée par Toullier, t. 1er, nº 158; Merlin, *Rép.*, vº *Usage* (5e édition), t. 18, p. 250 et Mailher de Chassat, *Traité de l'interprétation des lois* (édit. de 1836), p. 234.

Chez les Romains, les mots *usage* et *coutume* étaient synonymes. On les trouve réunis dans la loi 2, Cod., liv. 8, tit. 53 : *Consuetudinis usûsque longævi non vilis auctoritas est.* Ils désignaient également un droit qui n'était pas écrit.

En France, on a aussi attaché, pendant longtemps, les mêmes idées à ces mots. Mais peu à peu on s'est habitué à les distinguer ; on a d'abord nommé *coutume* ce qu'on regardait comme loi non écrite, et *usage* ce qui, étant de pure routine, n'était pas toujours véritablement obligatoire. Plus tard, on a appelé *coutumes* les règles qui s'étaient introduites par les mœurs des peuples et que l'autorité législative avait fait rédiger par écrit. Le nom d'*usages* est resté à celles dont il n'existait point de rédaction ordonnée ou approuvée par le souverain. C'était

---

(1) Les arrêts cités sont indiqués selon la nouvelle édition du *Journal du Palais*; on les trouvera également dans tous les autres recueils d'arrêts, soit à leur date, soit en consultant les tables chronologiques.

dans ce dernier sens qu'on entendait ces mots, avant la révolution. — Merlin, *loc. cit.*, § 1er, n° 1er ; Toullier et Mailher de Chassat, *ubi suprà.*

Les coutumes ont été abrogées par la loi du 30 vent. an XII (art. 7). — Mais les usages subsistent, et plusieurs articles du Code civil renvoient aux usages locaux. — V. art. 590, 591, 593, 645, 663, 671, 674, 1135, 1159, 1648, 1736, 1753, 1754, 1758, 1759, 1762, 1766, etc. — Toullier, n° 158, *in fin.* ; Mailher de Chassat, *loc. cit.*

Les conditions moyennant lesquelles se forme et s'établit l'usage, les caractères qu'il doit réunir pour avoir force de loi, peuvent être réduits à six. Les faits qui le composent doivent être : 1° uniformes, 2° publics, 3° multipliés, 4° observés par la généralité des habitants, 5° réitérés pendant un long espace de temps, 6° constamment tolérés par le législateur. — Toullier, n° 159 ; Merlin, *ubi suprà*, n° 3 ; Mailher de Chassat, p. 235 ; Zachariæ, *Cours de droit civil français*, t. 1er, p. 37 et 38.

Uniformes, parce que « il faut, dit Dunod (*Traité des prescriptions*, 1re partie, chap. 13), que les faits soient agréés et adoptés, pour ainsi dire, par la multitude, qui marque, en ne les contredisant pas et en ne faisant rien de contraire, qu'elle en userait de même en pareille occasion. » Ainsi, des faits sur lesquels les témoignages varieraient, des actes dans lesquels se trouveraient mêlés d'autres actes différents ou contraires, de telle sorte qu'il ne résultât pas de là qu'on eût constamment pratiqué la même chose, seraient insuffisants pour établir un véritable usage. — Voët, *Ad pandect, De legibus*, n° 31 ; Mailher de Chassat, *eod. loc.*

Publics ; il importe en effet d'obtenir la certitude que la multitude, sur la volonté tacite de laquelle l'usage est fondé, a donné son consentement à de certains faits pouvant former cet usage ; or, comment pourrait-elle être présumée les avoir connus, s'ils étaient clandestins? Il n'est cependant pas nécessaire, pour la publicité de ces faits, que les actes qui l'établissent soient judiciaires. Des actes extrajudiciaires (c'est-à-dire des actes faits hors jugement) peuvent même former un usage, pourvu qu'ils soient tels qu'ils aient pu parvenir à la connaissance du public. — Voët, *Ad pandect. De legib.*, n° 30 ; Dunod, *loc. cit.* ; Merlin, p. 251, 2e col. ; Mailher de Chassat, p. 236 et suiv.

Multipliés ; cette condition est prescrite par la loi 34, ff., *De regul. jur.* : *quod in regione in quâ actum est frequentatur.* Une foule de témoins qui attesteraient des faits séparés ou étrangers les uns aux autres n'établiraient donc pas un usage véritable. Il faut citer plusieurs actes uniformes. — Voët, *ibid.*, n° 37.

Observés par la généralité des habitants; car le fait particulier de quelques-uns ne peut nuire à un tiers ni obliger la multitude. Du reste il n'est pas nécessaire que la généralité de l'usage soit absolue et physique. Il ne faut pas non plus confondre l'usage du grand nombre avec l'usage général. Pour fonder un usage général, la seule pluralité ne suffit pas ; il faut une prépondérance bien décidée sur le petit nombre qui ignore l'usage. Pourquoi cela ? parce que l'usage général suppose l'unanimité morale et le consentement présumé de tous ; or, ni cette uniformité ni ce consentement ne sont renfermés dans le simple usage du plus grand nombre. Dans la pratique, ce caractère est difficile à déterminer ; c'est ici le cas de dire avec la loi 32, ff., *De usuris* : « Les questions qui sont plus de fait que de droit ne peuvent être décidées ni par les législateurs ni par les jurisconsultes. » — Merlin, *loc. cit.*, p. 252 ; Mailher de Chassat, p. 242.

Réitérés pendant un long espace de temps; la difficulté n'est pas moindre dans ce cas que dans le précédent ; car c'est encore une question de fait. Autrefois, on exigeait dix ou vingt ans, lorsqu'il s'agissait d'un usage supplétif ou interprétatif de la loi, et quarante, lorsqu'il était question de l'abrogation d'une loi. Mais il est plus sage d'admettre le sentiment de Dunod, qui laisse à l'arbitrage du juge de décider, par le nombre et la qualité des actes, si la coutume est acquise et s'il s'est écoulé un temps assez long pour que le public et le législateur en aient eu connaissance. Il n'est pas possible, en effet, de donner, sur ce point, des règles fixes et invariables. — Toullier, n° 159 ; Merlin, *ubi suprà* ; Mailher de Chassat, *ibid.*

Constamment tolérés par le législateur; si le législateur avait condamné un usage, il ne pourrait de nouveau s'établir qu'autant qu'il se serait écoulé depuis un temps suffisant pour faire présumer de sa part une approbation tacite. — Merlin, *ibid.* ; Mailher de Chassat, p. 243.

C'est pour empêcher les usages coutraires à la loi de s'établir que le procureur général près la cour de Cassation est investi du droit de requérir l'annulation des arrêts dans l'intérêt de la loi, même après le délai accordé aux parties pour se pourvoir en cassation. — Toullier, t. 1er, n° 161, note.

Enfin, une dernière condition, c'est que les faits qui forment l'usage ne doivent être *contraire ni à l'ordre public ni aux bonnes mœurs.*

Un usage allégué ne peut donc être considéré comme établi qu'autant qu'il présente les caractères qui précèdent. C'est ce que la cour de Cassation a elle-même reconnu, en refusant de donner force de loi à un usage qui ne réunissait point les conditions d'uniformité et de publicité. — *Cass.*, 9 avr. 1838 (t. 1er, 1838, p. 485), comm. de Bendorff c. Brida.

Les actes ordinaires par lesquels on prouve l'existence d'un usage sont une suite d'arrêts ou de jugements passés en force de chose jugée, uniformes et rendus sur les mêmes matières de droit, *Series rerum perpetuò similiter judicatarum*, le témoignage des magistrats, des jurisconsultes, des avocats, des praticiens, etc. — Voët, *Ad pandect.*, *De legibus.*, n° 33 ; Toullier, *ubi suprà*, Mailher de Chassat, p. 240, note 3e.

Autrefois, l'usage se prouvait par des actes de notoriété. Ces actes étaient des certificats authentiques délivrés par des officiers de judicature, de ce qui se pratiquait dans leurs siéges sur quelque matière de jurisprudence ou quelque forme de procédure. Aucune loi ne les avait autorisés ; ils avaient été introduits par l'usage pour tenir lieu des *enquêtes par turbes* abrogées par l'ordonn. de 1667. — Merlin, *Rep.*, v° *Notoriété* (acte de), n° 1er.

Mais ce mode de preuve ne peut plus être employé légalement depuis l'art. 1041, C. pr. civ., qui a abrogé non-seulement toutes les lois et tous les règlements, mais encore toutes les coutumes et tous *les usages antérieurs* relatifs à la procédure civile. La preuve d'un usage ne peut donc plus se faire que par titres et par témoins. Merlin, qui avait d'abord émis une opinion contraire (*Quest de droit*, v° *Mariage*, § 7, n° 1er), est revenu à cette dernière solution (*Rép.*, v° *Notoriété* [*acte de*]). — V. aussi, dans ce dernier sens. Bioche, *Dict. de procéd.*, v° *Acte de notoriété*, n° 5 (2e édit.), et les annotateurs de Zachariæ, t. 1er, p. 37, n° 4.

La jurisprudence elle-même a décidé que, depuis le Code de procédure, on ne pouvait être admis à prouver l'existence d'un usage par un acte de notoriété émané d'un tribunal. — *Bruxelles*, 10 mai 1816, Thomas c. Dewez ; *Cass.*, 4 avr. 1824 (intérêt de la loi), trib. de Guéret ; *Bruxelles*, 9 mai 1832, Corswaren. — V. cependant *Bruxelles*, 15 fév. 1810, Fauconnier c. Grégoire ; 24 juillet Crousse c. Corbisier et Cottier.

Jugé aussi, qu'un fait ou usage de commerce ne peut, surtout lorsqu'il est exorbitant du droit commun, être établi devant la cour de Cassation par des certificats et parères. — *Cass.*, 15 janv. 1812, Michel c. Hainguerlot.

Lorsqu'un usage réunit les conditions que nous avons indiquées, on peut alors lui appliquer cette maxime : *Diuturni mores consensu utentium comprobati legem imitantur.* (*Institut. just.*, *De jur., natur.*, § 9.)

Il a presque l'autorité de la loi. — *Bordeaux*, 24 déc. 1833, Verrières c. Blanc.

Il peut, lorsque la loi est muette, suppléer à son silence. Dans les causes où nous manquons de lois écrites, il faut en effet observer ce qui a été introduit par les mœurs et par les usages. C'est la disposition précise de la loi 32. ff., *De legib. : De quibus causis scriptis legibus non utimur, id custodiri oportet quod moribus et consuetudine introductum est.* Le Code civil a lui-même consacré ces principes, en renvoyant fréquemment, comme nous l'avons vu (n° 4), aux usages locaux, pour suppléer ou compléter ses dispositions. — Merlin, *Rép.*, v° *Usage*, § 2, n° 2 ; Toullier, t. 1er, n° 161 ; Mailher de Chassat, p. 243.

L'usage peut interpréter la loi. Il y a plus : la loi n'a pas de meilleur interprète que l'usage. *Optima est legum interpres consuetudo.*— L. 37, ff., *De legib.* — Domat, *Lois civiles* (liv. prélim.), tit. 1er, sect. 2e, n° 19; Merlin, *ibid.*, et v° *Loi*, § 10 (5e édit.), t. 10, p. 241, col. 2e *in fine;* Toullier, n° 160, Mailher de Chassat, p. 254.

L'usage, lorsqu'il porte tous les caractères que nous avons tracés, a la force d'enchaîner l'interprète de telle manière qu'il ne puisse plus employer ensuite aucune des méthodes de l'interprétation doctrinale. Mais il en est différemment dans le cas contraire, c'est-à-dire lorsque l'usage est dépourvu de l'un de ces caractères. Alors le principe que l'interprète doit toujours chercher la volonté de la loi dans ses termes et dans son esprit reprend son empire. — Merlin et Mailher de Chassat, *ubi suprà.*

Les usages antérieurs au Code civil et auxquels ce Code n'a pas renvoyé formellement ne sont plus d'aucune autorité pour l'avenir. Ils ont été abolis par la loi du 30 ventôse an XII, art. 7. — *Cass.*, 31 déc. 1810, Bessy c. préfet des Alpes-Maritimes; 21 août 1813 (intérêt de la loi). — Merlin, *Rep.*, v° *Voisinage*, § 4, n° 6.

Les juges ne doivent et ne peuvent donc fonder leurs décisions sur des usages que dans les cas spéciaux où la loi s'y réfère d'une manière expresse. — Zachariæ, t. 1er, p. 38.

Ce n'est que dans de pareilles hypothèses que la violation d'un usage peut donner lieu à cassation. — V. les annotateurs de Zachariæ, *loc. cit.*, n° 7.

Il a été en effet maintes fois décidé que la violation d'un usage qui ne reposait sur aucun texte de la loi ne pouvait constituer un moyen de cassation. — *Cass.*, 14 août 1817, Gazay c. Vidal; *Bruxelles*, 28 juin 1820, Bustangy; *Cass.*, 11 juin 1825, Rolland; 13 juillet 1850, Dasque c. Page; 29 juin 1836, Vasquez c. Arnauld.

Dans le cas où un usage qui réunit les conditions ci-dessus indiquées est contraire à une loi expresse et qui n'a point cessé d'être appliquée, bien que cet usage doive être sans effet, sans autorité aucune, les actes faits sous son empire n'en doivent pas être moins validés, suivant la règle *error communis facit jus*. — *Cass.*, 14 juillet 1825, Cordon c. Pellerin.

Lorsque, avant le Code, on a déclaré se marier sous le régime de telle coutume, on est censé s'être soumis non-seulement aux dispositions écrites de cette coutume, mais encore à tous les usages observés dans les pays qu'elle régissait. — *Cass.*, 30 avril 1835, Spitalier. — Ainsi, on est réputé avoir adopté l'usage de la crue, suivi dans cette coutume pour l'évaluation du mobilier prisé dans un inventaire. — Même arrêt.

NOTA. Ces deux articles sur les Coutumes et les Usages sont extraits du *Répertoire général du Journal du Palais.*

USAGES LOCAUX

AYANT FORCE DE LOI

DANS LE DÉPARTEMENT DE L'AUBE.

RAPPORTS

DES COMMISSIONS CANTONALES.

ARRONDISSEMENT DE TROYES.

TROYES. (1er CANTON.)

ELAGAGE DES ARBRES.

Suivant un usage général dans le 1er Canton de Troyes, les saules sont élagués tous les trois ans; il en est de même des peupliers à basse tige.

ÉLAGAGE DES PEUPLIERS.

Les peupliers à haute tige sont ordinairement élagués à six ans.

PLANTATIONS SUR LA LIMITE DES PROPRIÉTÉS. — ARBRES DE HAUTE FUTAIE. (Art. 671, C. N.)

Il est d'usage constant et immémorial que les arbres à haute tige plantés le long de la ligne séparative de deux héritages contigus, ne peuvent l'être qu'à 1 m. 64 cent. (cinq pieds ancienne mesure) du voisin.

ARBRES A BASSE TIGE ET HAIES VIVES. (Art. 671.)

Quant aux arbres à basse tige, parmi lesquels on range les saules à coupes périodiques, l'usage veut qu'ils puissent être plantés à 0m 49 c. (18 pouces ancienne mesure) de la ligne séparative des deux propriétés.

Il en est de même des haies vives composées d'essences d'arbustes autres que l'épine noire, attendu que, par la nature traçante de ses racines, elle est préjudiciable au voisin.

CONSTRUCTIONS PRÈS DU VOISIN. — PUITS. (Art. 674.)

Celui qui fait construire un puits ou une fosse d'aisances près d'un mur qui sépare deux propriétés (que ce mur soit mitoyen ou non), doit, suivant l'usage, construire de manière que le mur de ce puits ou fosse ait 0m 49 c. d'épaisseur à partir du parement du mur de séparation.

Si deux puits ou fosses sont construits, l'un d'un côté, l'autre de l'autre du mur mitoyen, le mur de chacun de ces puits ou fosses doit avoir au moins 0m 49 c. d'épaisseur à partir du milieu du mur mitoyen, de manière qu'il y ait entre les deux eaux 0m 98 c. d'épaisseur en maçonnerie.

CHEMINÉES OU ATRES. (Art. 674.)

Toute personne qui fait construire cheminée ou âtre contre un mur mitoyen est tenu de faire en pierres ou briques un contre-mur de 0m 17 c. (6 pouces anciens) d'épaisseur.

Dans toute autre position, l'épaisseur du mur au-dessus de la cheminée doit être au moins de 0m 44 c. (16 pouces anciens) au rez-de-chaussée (ordonnance de police de la mairie de Troyes, du 18 frimaire an XII, 10 décembre 1803). (1)

---

(1) EXTRAIT *de l'ordonnance de police de la Mairie de Troyes, du* 18 *frimaire an XII* (10 *décembre* 1803.)

Art. 1er. Toute personne qui fait construire cheminées ou âtres contre un mur mitoyen, est tenue de faire faire en pierre ou brique, un contre-mur de dix-sept centimètres (six pouces) d'épaisseur.

Dans toute autre position, l'épaisseur du mur ou dossier de la cheminée doit être au moins de quarante-quatre centimètres (seize pouces) au rez-de-chaussée.

Les murs des fours, forges et fourneaux, doivent être à la distance de dix-sept centimètres (six pouces) du mur mitoyen. Cette distance doit être de trente-trois centimètres (un pied) de toute cloison ou pan de bois.

Les murs desdits fours, forges et fourneaux, doivent avoir quarante-neuf centimètres (dix-huit pouces) d'épaisseur.

(*Coutume de Troyes, art. LXIV, et de Paris, art. CLXXXIX et CXC.*)

FORGES, FOURS OU FOURNEAUX. (Art. 674.)

Les murs des fosses, forges et fourneaux doivent être à la distance de 0m 17 c. (6 pouces) du mur mitoyen.

Cette distance doit être à 0m 33 c. (1 pied) de toute cloison ou pan de bois; les murs desdits fours, forges et fourneaux doivent avoir 0m 49 c. (18 pouces ancienne mesure) d'épaisseur.

(*Coutumes de Troyes*, art. 64, *et de Paris*, art. 189 et 190.)

Art. II. Les architectes, maçons, charpentiers et autres, se mêlant de construction de bâtiments, ne pourront à l'avenir asseoir et établir aucuns tuyaux de cheminées contre des cloisons, pans de bois, poutres, solives, sablières, entre-ais, faîtes, sous-faîtes, ni faire aucuns âtres de cheminées sur poutre, solives, sablières et autres bois. Ils ne pourront de même faire porter aucuns poutres, solives, pannes, fafaîtes, sous-sous-faîtes, chevrons, sablières et autres bois dans les manteaux et tuyaux des cheminées, mais les tiendront éloignés desdits tuyaux au moins de dix-sept centimètres (six pouces).

Dans les constructions et réparations de cheminées, ils seront tenus en outre,

1° De n'employer aucuns manteaux ni fantons ou chevilles de bois.

2° De faire des enchevêtrures au-dessous de tous âtres et foyers, de quelque grandeur que soient les cheminées.

3° De disposer lesdits foyers de manière qu'ils aient au moins quatre-vingt-dix-huit centimètres (trois pieds) de profondeur, depuis le dossier jusqu'au chevêtre destiné à porter les solives.

4° De remplir et recouvrir de plâtre, pierre ou brique, jusqu'à la hauteur des solives, et au niveau du plancher, l'intervalle d'entre le dossier et le chevêtre, et de faire supporter ce recouvrement par des barres de fer adaptées, en nombre suffisant, tant au chevêtre qu'au mur ou dossier.

5° D'établir les jambettes des cheminées dans œuvre du retour de l'enchevêtrure.

6° De laisser aux tuyaux des cheminées environ quatre-vingt-dix-huit centimètres (trois pieds) d'ouverture ou de longueur dans œuvre, et vingt-cinq à vingt-sept centimètres (neuf à dix pouces) de largeur aussi dans œuvre; comme aussi de donner aux languettes maçonnées avec plâtre, environ huit centimètres (trois pouces) d'épaisseur en toute leur élévation; et à celles faites soit en pierre de taille de craie, mortier de terre et de chaux, soit en briques, depuis douze centimètres jusqu'à dix-sept d'épaisseur (quatre pouces six lignes jusqu'à six pouces.)

Néanmoins, ce qui est prescrit relativement à l'ouverture des cheminées n'est pas tellement de rigueur qu'on ne puisse adopter un autre genre de construction, s'il était jugé préférable d'après une sage expérience, ou d'après l'avis de constructeurs d'une habileté reconnue, et auxquels il convient de s'en rapporter à cet égard.

7° Et enfin, d'élever les cheminées au moins de soixante-cinq centimètres (deux pieds) au-dessus du faîte tant de la maison dont elles font partie, que des bâtiments voisins, et ce dans le cas où elles se trouveront éloignées dudit faîte; mais leur élévation sera au moins de quatre-vingt-dix-huit centimètres (trois pieds) lorsqu'elles se trouveront dans le faîte, ou qu'elles en seront à peu de distance.

(*Règlements et ordonnances des* 26 *janvier* 1672, 11 *avril* 1698, 22 *avril* 1719, 18 *décembre* 1733, et 30 décembre 1737.)

CLOTURE SÉPARATIVE DES PROPRIÉTÉS. (Art. 663.)

Sous l'empire de la coutume de Troyes, la maxime *Ne se clot qui ne veut*, était généralement admise, mais l'art. 663 du code Napoléon ayant décidé d'une manière absolue, et sans s'en référer à l'usage des lieux : « Que chacun peut contraindre son voisin, *dans les villes et fau-* « *bourgs*, à contribuer aux constructions et réparations de la clôture « faisant séparation de leurs maisons, cours et jardins de la ville et « faubourgs. »

Il s'ensuit que la maxime : « *Ne se clot qui ne veut*, n'est plus applicable qu'aux biens ruraux, c'est-à-dire, situés hors des villes et faubourgs.

Quant à la hauteur de la clôture (quand il y avait lieu à clôture), l'usage, d'accord en cela avec le Code Napoléon, est de ne pas l'élever au-delà de 32 décimètres (10 pieds) à partir du sol.

En ce qui concerne la hauteur des murs mitoyens, elle dépend des titres et de la convention des parties. Il n'y a pas d'usage constant à cet égard.

GARANTIE DES DÉFAUTS DE LA CHOSE VENDUE. (Art. 1641.)

Il est d'usage que l'action résultant des vices rédhibitoires soit intentée par l'acquéreur contre le vendeur dans les neuf jours de la vente; passé ce délai, l'action en rescision de la vente n'est plus recevable (1).

BAUX ET CONGÉS. (Art. 1736.)

D'après le Code Napoléon, si le bail a été fait sans écrit, l'une des parties ne pourra donner congé à l'autre qu'en observant les délais fixés par l'usage des lieux.

A Troyes, maintenant, on suit la maxime : « *Bail verbal, Bail* « *annal.* » d'où il suit que quand le bail est fait sans écrit la jouissance du locataire finit de plein droit au bout d'une année de son entrée en jouissance, et que le propriétaire ne peut le forcer à continuer, comme de son côté le locataire ne peut forcer le propriétaire à le loger; le tout s'il n'y a tacite reconduction par le fait de la jouissance prolongée sans opposition de part ni d'autre.

L'usage est que les congés soient signifiés savoir : *Six semaines* pour une simple chambre ; — *Trois mois* pour une portion de maison

---

(1) Tous usages sur les vices rédhibitoires dans les ventes d'animaux sont abrogés par la loi du 20 mai 1838.

dont le loyer n'excède pas 300 fr. ; — et *six mois* lorsqu'il s'agit d'un appartement ou partie de maison d'un loyer supérieur à 300 fr., ou d'une maison entière bourgeoise ou marchande.

Cependant il est des circonstances où le congé doit être signifié *une année* d'avance ; ainsi par exemple, si la maison entière était louée à un boulanger, fabricant ou commerçant, qui, pour s'y établir, aurait fait construire un four, une forge, des magasins, etc., etc., et serait forcé d'en faire construire d'autres, dans son nouveau domicile.

Il est encore d'usage que les congés ne peuvent avoir lieu en surterme, et que l'année, les six ou trois mois, ou les six semaines, ne doivent prendre date utile et courir que des termes de Pâques, Saint-Jean-Baptiste, Saint-Remi et Noël, époques admises généralement à Troyes pour la location des maisons.

EXPULSION DU LOCATAIRE. — BIENS URBAINS. — DOMMAGES ET INTÉRÊTS. (Art. 1744, 1745.)

S'il a été convenu lors du bail, qu'en *cas de vente*, l'acquéreur pourrait expulser le locataire, l'usage est que ce locataire soit averti au temps usité d'avance pour les congés, ainsi qu'on vient de le dire. Si dans ce cas il n'a été fait aucune stipulation sur les dommages et intérêts, l'usage à Troyes, et dans l'étendue du premier canton est : s'il s'agit d'une maison appartenant ou boutique, que le bailleur paie à titre de dommages et intérêts, au locataire évincé, une somme proportionnelle à celle des congés qu'on doit lui signifier d'avance, c'est-à-dire, *six semaines*, du loyer pour une simple chambre, trois mois pour une portion de maison dont le loyer n'excède pas 300 fr., et six mois lorsque la partie louée est supérieure à 300 fr., ou lorsqu'il s'agit d'une maison entière.

Lorsque le congé doit être signifié une année d'avance, il est d'usage d'accorder au locataire la remise d'une année du prix de son bail à titre de dommages et intérêts, lorsque le locataire, sous la foi de la durée de son bail, a fait des dépenses considérables pour se loger convenablement à son état et profession, et s'il est expulsé peu de temps après son entrée en jouissance, de manière à n'avoir pas profité de ses dépenses.

On a même, eu égard à des circonstances particulières, ordonné quelquefois la fixation par experts des dommages et intérêts dus aux locataires expulsés.

EXPULSION DE FERMIER. — BIENS RURAUX. (Art. 1746.)

S'il s'agit de biens ruraux, la loi dispose d'une manière absolue (art.

1746 du Code Nap.), que l'indemnité due par le bailleur expulsé au fermier expulsé, en conséquence de la réserve stipulée dans son bail, est du tiers du prix du bail pour tout le temps qui reste à courir. Comme la loi ne s'en réfère pas ici aux usages locaux, il n'y a pas lieu de s'en occuper.

Quant au congé à donner dans ce cas au fermier de biens ruraux, l'art. 1748 disposant d'une manière absolue que le fermier doit être averti un an au moins à l'avance, il semblerait qu'il n'y a pas lieu de s'occuper de l'usage des lieux.

Cependant il paraîtrait raisonnable d'interpréter la disposition de la loi dans ce sens, que l'avertissement devrait être donné au fermier au moins un an avant l'époque que l'usage fixe pour la sortie des biens ruraux. Ainsi dans le premier canton de Troyes, il est d'usage que la jouissance d'un fermier cesse aux sombres du printemps (23 avril, Saint-Georges), ce serait donc au moins un an avant la Saint-Georges la plus prochaine qu'il pourrait être expulsé, autrement le fermier sortant court la chance de ne pas trouver une autre exploitation à prendre à bail, et par conséquent de chômer de plus d'une année, tandis que telle n'est probablement pas l'intention de la loi que l'on doit supposer bienveillante pour le fermier.

RÉPARATIONS LOCATIVES.

Les réparations locatives sont, à Troyes, absolument les mêmes que celles détaillées dans l'art. 1754 du Code Napoléon. Cependant on doit y ajouter qu'indépendamment de ces réparations, le locataire d'une maison, portion de maison ou appartement, est encore tenu du ramonage des cheminées, du blanchissage des plafonds et parois du haut en bas, même de la peinture des lambris et boiseries, s'ils étaient peints à neuf lors de son entrée en jouissance, le tout s'il n'y a convention contraire.

Il est d'usage qu'à l'expiration d'un bail écrit, de biens urbains, le preneur doit cesser la jouissance sans être tenu de notifier son intention au propriétaire, de même que celui-ci n'a pas besoin de faire signifier aucun congé à son locataire.

Mais si le locataire continue sa jouissance après l'expiration du bail écrit sans opposition de la part du propriétaire, l'usage des lieux est que cette jouissance dure un an, suivant la maxime *Bail verbal, Bail annal.*

BIENS RURAUX. (Art. 1774 à 1777.)

L'article 1774 du Code Napoléon porte :

« § 1er. Le bail sans écrit d'un fonds rural est censé fait pour le « temps qu'il est nécessaire afin que le preneur recueille tous les fruits « de l'héritage affermé. »

« § 3e. Le bail des terres labourables lorsqu'elles se divisent par soles « ou saisons est censé fait pour autant d'années qu'il y a de soles.

Dans le 1er canton de Troyes, l'usage est de diviser les terres labourables en trois soles ou saisons, celle des froments, celle des seigles, et celle des menus grains, orges et avoines. Les soles ou saisons commencent au 23 avril (Saint-Georges) par la saison des sombres. Ainsi un fermier entre ordinairement au mois d'avril, le 23, et sort trois ans après à la même saison du 23 avril. Il a droit à trois récoltes consécutives; ainsi lorsqu'il sort au 23 avril, il a droit de récolter les terres emblavées à l'automne de l'année précédente, par la raison que lors de son entrée aux sombres du 23 avril, il n'a pu récolter pour la première fois que dans le cours de l'été de l'année suivante.

L'usage constant est qu'en entrant aux sombres de la Saint-Georges (23 avril), le nouveau fermier recueille les prés naturels, les prairies artificielles et navettes sur sombre dans la même année. Il les laisse après trois récoltes au fermier qui entre à sa place.

(Art. 1777.)

Quant aux obligations réciproques du fermier sortant et du fermier entrant, et qui ont pour objet : 1° de procurer au fermier sortant les moyens de récolter les terres par lui ensemencées et de consommer les fourrages; 2° de procurer au fermier entrant les moyens de cultiver et de faire les travaux nécessaires pour pouvoir récolter dans l'année suivante, elles sont, dans le 1er canton, les mêmes que celles indiquées dans l'art. 1777 du Code Napoléon.

PAIEMENT DES FERMAGES.

A défaut de bail écrit, il est d'usage que les fermages sont payables en un ou plusieurs termes de manière à procurer au fermier les moyens de se libérer avec les produits réalisés de ses récoltes.

Ainsi un fermier entre aux sombres du 23 avril Saint-Georges 1855. Il ne devra payer son fermage qu'à la Saint-Martin 11 novembre 1856. Quelquefois même il lui est accordé de n'en payer que la moitié à ladite époque, et d'avoir jusqu'à Pâques de l'année suivante pour se libérer de l'autre moitié.

DOMESTIQUES ATTACHÉS A LA CULTURE.

Il est d'usage dans le 1er canton de Troyes que les domestiques, hommes ou femmes, attachés à la culture, ne peuvent quitter leur maître ou être renvoyés par leur maître, avant l'époque de la Saint-Jean (24 Juin), autrement il y aurait lieu à indemnité d'une ou d'autre part.

TROYES. (2e CANTON.)

BAUX DE MAISONS.

A la Ville. — Les termes d'entrée et de sortie sont : Pâques, la Saint-Jean, la Saint-Remi et Noël ; les baux verbaux sont faits pour un an entier. Il n'y a pas nécessité de donner congé. (Par l'effet de l'usage, ces baux verbaux sont considérés comme écrits.)

Pour ces sortes de baux, le paiement des loyers se fait en une fois à la fin du bail (la fin de l'année) ; quelquefois par suite de conventions expresses non contestées, il se fait à chacun des termes désignés plus haut.

A la Campagne. — Ce qui vient d'être dit s'applique aux maisons non constituées en ferme, sauf pour l'entrée en jouissance qui a lieu le plus communément à la Saint-Georges et à la Saint-Jean.

BAUX DES FERMES.

L'entrée en jouissance a lieu le plus communément à la Saint-Georges, 23 avril, par la mise en jouissance des terres à sombres et des prairies naturelles.

La durée. — 3, 6 ou 9 années, souvent neuf années consécutives, rarement au-delà.

Assolement triennal. Culture. — Première année, gros grains. — Seconde année, menus grains. — Troisième année, sombres, jachères ou prairies artificielles, etc.

Plantes sarclées. — Le fermier doit abattre les taupinières qui se trouvent dans les prés.

Fumure. — Le fermier est tenu de fumer annuellement du 1/9 au 1/6.

Récoltes. — Doivent être toutes rentrées à la ferme.

Sortie. — A la sortie, le fermier doit laisser toutes les pailles, — tous les fumiers, — doit partager avec le fermier entrant la jouissance des bâtiments d'habitation et d'exploitation.

DES GAGNAGES ET PARCELLES LOUÉS SÉPARÉMENT.

Entrée en jouissance. — Comme pour les fermes, sauf lorsqu'il n'y a qu'une seule parcelle, cas où l'entrée en jouissance a quelquefois lieu du 11 novembre au 25 décembre.

Assolement. — Comme pour les fermes.

Durée du Bail. — Comme pour les fermes, sauf pour les prés qui se louent souvent à l'année.

BAUX DE VIGNES.

Comme pour les fermes. Très-rares.

LOCATION DE SERVICES ET TRAVAIL.

Aides et Domestiques. — Loués à la Saint-Jean pour l'année entière. Cet usage tend à disparaître. Le *Salaire* est payé en argent.

Moissonneurs. — Tenus de couper les récoltes, sauf pour celles qui se font à la faulx, de lier et d'entasser la récolte.

Salaire. — Quelquefois par délivrance de grains récoltés. Le plus souvent en argent.

BATTEURS EN GRANGE.

Battant et vannant le grain battu, lient la paille provenant du battage.

Salaire. — Varie suivant la nature de la récolte, se paie, soit en portion du grain, soit en argent.

Maréchaux, Bourreliers, Laboureurs, Manouvriers se paient de la Saint-Martin à Noël.

VIGNERONS.

Tenus de faire une fosse ou provin par chaque 0,42 centiares, de donner un labour, deux binages, de faire la taille, le paisselage, l'accolage.

Salaire. — Se paie à tant les 0,42 centiares, et à prix différents si la vigne est à treille ou à pieds.

BERGERS DE TROUPEAU COMMUN.

Se louent à la Saint-Jean pour toute l'année.

Salaire. — Est payé par trimestre ou quart, à raison du nombre de bêtes existant au commencement du trimestre; dans beaucoup de communes, le berger est nourri par ceux qui mettent au troupeau commun et à tour de rôle pendant un nombre de jours proportionnellement à celui des bêtes mises au troupeau commun.

Doit fournir les chiens, représenter les bêtes mises au troupeau, ou du moins leurs peaux. Le nombre de bêtes à mettre au troupeau commun à raison de la quantité de terres sujettes à la vaine pâture n'est fixé que dans peu de communes. Rarement il est fait de cantonnement.

BOUVIERS.

Ne sont loués que pour la saison du pacage, payés généralement à raison des têtes de bétail confiés à leur garde.

PATURAGES.

L'usage des *pâtures communales* existe dans quelques communes; tend à disparaître complètement.

Dans les prés. — Les troupeaux d'espèce *bovine* sont mis après la récolte jusqu'au 11 novembre.

Ceux d'espèce *ovine*, depuis la Saint-Martin jusqu'au 25 mars.

PASSAGE.

Sur les prés enclavants, interdit à partir du 25 mars jusqu'à la récolte.

Dans quelques communes, les propriétaires de prés enclavés pratiquent pour l'enlèvement de leurs récoltes, sur les prés enclavants, un passage en fauchant sur une largeur nécessaire l'herbe qu'ils fanent et entassent. Il serait à désirer que cette pratique devienne généralement obligatoire.

PLANTATIONS. *Usage constant et reconnu.*

Les Arbres à haute tige peuvent être plantés à 1 mètre 66 centimètres de la propriété voisine; parmi ceux à basse tige, les saules étêtés à 2 ou 2 mèt. 30 c. du sol peuvent être plantés à 0,50 c. du voisin.

Les osiers en coupe annuelle assimilés aux saules; la vigne se plante à 0,50 c.; mais la treille dite contretreillon se monte à 0,17 c.

Tous autres arbres doivent se planter à 1 mèt. 66 c.; toutefois dans beaucoup de localités, les saules marsaults, les aulnes et frênes en taillis sont plantés à 0,50 c.

ÉMONDAGE.

Des Peupliers. — Se fait tous les six ans (peu général).

Des Saules étêtés. — Se fait tous les trois ans.

Les Haies. — Rien de constant à cet égard.

FOSSÉS.

De séparation. — Il n'y a rien de constant dans les fossés de séparation, surtout la largeur du franc bord.

Il est très-désirable que cette largeur soit réglementée; on pourrait déterminer obligatoirement cette largeur, en ayant égard à la profondeur du fossé et à l'inclinaison du talus qui ne devrait pas être de moins de 45 degrés, le tout sauf les conventions expresses.

VENTES.

De Terre. — Se calculent encore à raison de tant par 0,42 c.

De Denrées. — Les grains se vendent au double décalitre.

Le Vin. — Se vend au septier (environ 9 litres), généralement sans fût.

De Bestiaux. — Se vendent par têtes.

TROYES. (3e CANTON.)

BOIS. — USUFRUIT. — PÉPINIÈRES. — ARBRES.

L'usufruitier, aux termes de l'art. 590 du Code Napoléon, pour se conformer à l'usage, peut, suivant les localités, couper les taillis des bois et forêts soumis à sa jouissance, soit tous les dix-huit ans, soit tous les vingt ans, soit tous les vingt-cinq ans; il peut faire des réserves de 30 baliveaux ou de 25 baliveaux par chaque superficie de 42 ares 20 centiares; de 10 modernes ou 8 seulement par même contenance, suivant les cantonnements, la bonté du sol et la croissance plus ou moins prompte des arbres dont les bois sont implantés.

Quant aux pépinières, il doit les entretenir en même état pendant toute la durée de son usufruit ; si à la cessation leur valeur est moindre, sa succession doit faire état au nu-propriétaire de la moins-value ; si elles valent davantage, les héritiers de l'usufruitier n'ont droit à aucune indemnité de plus-value.

Si l'usufruitier a besoin d'échalas pour ses vignes, il doit les prendre dans les parties du bois les moins susceptibles d'être endommagées, il doit choisir les trochées les mieux garnies et laisser les plus beaux rejets.

Quant aux émondes d'arbres, il doit couper les saules tous les trois ans, jamais plus tôt ni plus tard, et les peupliers, ormes et érables, tous les cinq à six ans au plus tôt, en laissant toutefois au sommet deux ou trois couronnes.

USAGE DES EAUX.

Relativement aux servitudes qui dérivent de la situation des lieux, on a toujours tenu pour constant à Troyes, que chaque propriétaire a le droit de disposer (*uti et abuti*) de l'eau qui prend sa source sur son héritage, pourvu qu'il ne nuise pas au propriétaire inférieur.

Quant à l'eau qui borde ou qui traverse sa propriété, il a le droit d'en user, mais à la charge de ne pas la retenir. Si cette eau sert à quelque usine, le propriétaire du fonds supérieur ne peut la retenir, qu'à la charge d'indemniser le propriétaire de l'usine du chômage qu'il lui fait éprouver.

ARBRES. — DISTANCES.

Pour les plantations d'arbres à haute et basse tige, on suit les dispositions de la loi romaine ; ainsi, pour les arbres à haute tige, on doit laisser 1 mètre 66 centimètres de distance entre la plantation et l'héritage voisin, et pour les haies vives, arbres nains, espaliers, arbustes et même les saules émondés 50 centimètres seulement.

CONSTRUCTIONS. — DISTANCES.

On a toujours pratiqué à Troyes les dispositions de l'art. 64 de la coutume de son bailliage, relativement à la distance à observer pour certaines constructions.

BAUX. — RÉPARATIONS. — LOCATIONS. — CONGÉS, ETC.

L'usage est de faire partir les baux de maisons ou d'appartements, de Pâques, de la fête de Saint-Jean, de Saint-Remi et de Noël, et de payer les loyers tous les trois mois, quelle que soit leur importance.

Il n'y a pas d'usage local concernant les réparations locatives.

Les baux des maisons sont toujours annuels, lorsqu'ils ne sont pas constatés par écrit, et l'usage dispense de donner congé, en sorte que le bail finit de plein droit à l'expiration de l'année.

Il est d'usage de louer les terres pour trois années ; et la tacite reconduction engage les parties contractantes pour cette période.

Toutefois, on doit faire observer que l'assolement triennal tendant partout à faire disparaître cet usage ne peut servir qu'à régler les anciens baux.

L'usage général est que les baux à ferme commencent au 23 avril ; en conséquence, le fermier sortant quitte les bâtiments d'habitation le 23 avril, mais il conserve le droit de rentrer dans les granges de la ferme les froments, seigles, avoines, orges, et de les battre dans les granges de la ferme, pendant lesquels temps de rentrée et de battage il peut loger dans les bâtiments de la ferme pour surveiller ses grains.

Il a également le droit de placer ses grains battus dans les greniers de la ferme, mais seulement pendant le battage.

Le fermier sortant doit laisser au fermier entrant toutes les pailles non consommées.

Le fermier entrant fait les sombres et récolte les prés de l'année de son entrée en jouissance, et il a droit également aux récoltes des sombres, mais il ne commence la jouissance de tout le surplus des terres qu'après la récolte terminée, aussi il ne paie les fermages que dix-huit mois après son entrée en jouissance dans la ferme.

VENTES.

Il est d'usage d'accorder à l'acheteur 2 0|0 de bonification sur le poids des laines vendues.

Il est d'usage d'acheter le vin à la pièce et non à l'hectolitre, et de rendre les fûts quand on l'achète d'un propriétaire.

Le bois de chauffage se vend à la longueur de 1 mètre 30 centimètres.

L'usage, malgré les prescriptions formelles de la loi, prévaut de vendre les terres à l'ancienne mesure, qu'on annonce en ares et centiares, correspondant à l'ancienne mesure.

LOUAGE D'OUVRAGES.

Pour le louage d'ouvrages en ville, les maîtres et les domestiques doivent se prévenir respectivement huit jours à l'avance, quand ils veulent le faire cesser.

A la campagne, le louage d'ouvrages est contracté pour un an, de la Saint-Jean d'une année au 24 juin de l'année suivante, seulement cet usage rencontre de grandes difficultés dans la pratique.

CANTON D'AIX-EN-OTHE.

BAUX A FERME.

L'assolement étant triennal dans le canton, le bail verbal des terres est censé fait pour trois ans, et, lorsqu'il se trouve des prés dans un labourage, ils sont aussi loués pour la même période que les terres.

Lorsqu'il se trouve des peupliers ou saules dont l'émonde n'ait point été réservée, le fermier ne doit élaguer ces arbres qu'une fois pour une période de trois ans, deux fois pour six ans, trois fois pour neuf ans, et ainsi de suite à la fin de chaque période triennale.

Contrairement aux prescriptions des eaux, l'usage s'est établi et paraît être aujourd'hui sanctionné par une jurisprudence récente de ne pas se conformer à l'assolement; la commission regarde cet usage comme une atteinte grave à la propriété.

PRIX DE LA JOURNÉE DE TRAVAIL.

Une journée de manœuvre se paie aujourd'hui 1 franc 75 non nourri et 1 franc 25 nourri. La journée de laboureur avec deux chevaux 8 francs sans nourriture, pour trois chevaux 12 francs.

PRIX DU LABOURAGE DES TERRES.

L'arpent (42 ares 20 centiares) se paie 20 francs à trois façons pour gros grains, pour orges à deux façons 16 francs, pour l'avoine à une seule façon 8 francs. Pour défricher un arpent de luzerne, le prix varie de 25 à 32 francs selon les diverses localités du canton.

LOUAGE D'OUVRAGE ET D'INDUSTRIE.

Les domestiques, laboureurs, charretiers, bergers, filles de basse-cour se louent habituellement pour une année, de la Saint-Jean (24 juin) à la Saint-Jean suivante. Dans quelques localités du canton, les laboureurs et charretiers se louent en deux termes.

1er terme, du 15 février (semaille des avoines) à la Saint-Jean (au

25 juin); 2e terme, de la Saint-Jean (24 juin) à la Saint-Martin (11 novembre) fin de la semaille des gros grains.

PAIEMENT DES SALAIRES.

Les batteurs en grange se paient en nature et ont pour leurs salaires la 21e mesure de chaque espèce de grains qu'ils battent sauf convention contraire, convention qui est fort rare.

Les moissonneurs sont également payés en nature, mais le prix varie suivant les années et les localités; la commission n'a pu en conséquence fixer le prix qui l'est habituellement d'une manière uniforme.

Les meuniers se paient également en nature et prennent en conséquence, en ce moment, le douzième de chaque espèce de grains. Aucun règlement n'existe à ce sujet, et il serait à désirer qu'un règlement ou une disposition législative intervînt pour fixer le prix du travail de la mouture.

EPOQUE DU PAIEMENT DE LABOURS ET CHARROIS.

Les paiements se font de la Saint-Martin (11 novembre), à Noël (25 décembre.)

FOURNITURE DE MARÉCHALERIE, CHARRONNAGE ET BOURRELERIE.

Les paiements se font aux mêmes époques que celles indiquées à l'article qui précède.

VENTE DE GRAINS.

La vente du grain se fait au double-décalitre, et, sur le marché, au sac contenant un hectolitre et demi.

Le raclage de la mesure se fait grain sur fer ou sur bord pour le blé, le seigle et l'orge.

L'avoine se mesure à deux centimètres sur bord.

Aucun règlement uniforme n'existe à ce sujet, et il serait désirable aussi qu'un règlement administratif intervînt pour déterminer une manière uniforme de racler sur tous les marchés.

VENTE DE PAILLES.

Les pailles se vendent au cent de bottes devant peser 1,000 kil.

VENTE DE FOURRAGES.

Les fourrages se vendent au cent de bottes devant peser 500 kil.;

le plus habituellement on donne les quatre au cent sans convention préalable.

VENTE DE BEURRE.

Le beurre se vend sur les marchés au morceau, sans pesage.

VENTE DE FRUITS.

Les pommes et les poires se vendent soit à la mesure, soit à la douzaine; lorsqu'elles sont vendues à la mesure, la mesure en est faite de manière à en contenir le plus possible par-dessus les bords.

Lorsqu'elles sont vendues au compte, on en délivre quatorze pour douze payables.

TAXE DU PAIN.

Le pain est taxé pour la majeure partie du canton sur la taxe du marché de Troyes, pour l'autre partie sur la taxe du marché de Sens, d'où résulte quelquefois et aujourd'hui notamment une différence notable dans le prix du pain, entre communes voisines.

IRRIGATION DES PRÉS.

L'abreuveur qui est payé de trois à six francs l'arpent (42 ares 20 c.) suivant les localités doit, outre le travail de l'irrigation, entretenir et curer les fossés qui conduisent l'eau à la prairie, entretenir et aviver les portants qui les divisent et les répartissent le plus également possible dans la prairie et répandre les taupinières.

VIGNES.

Les vignes reçoivent trois façons à la pioche, et le vigneron qui doit les trois façons est payé à raison de soixante centimes la corde ou soixante francs l'arpent, il doit, en outre pour ce prix, accoler la vigne avec la paille fournie par le propriétaire, planter le paisseau.

Les fosses pour provigner se paient en sus, ainsi que l'effilage des paisseaux.

PRESSOIR.

La rétribution du maître de pressoir est du septième au neuvième de chaque espèce de boisson.

VENTE DU VIN.

La vente du vin se fait à la feuillette ou au quinzain de cent quarante litres ou cent cinquante bouteilles.

BUCHERONS.

Les bûcherons sont payés au cent de bourrées ou fagots, cordes de bois à charbons ou bois de moule, bottes d'écorce ; le prix n'est point uniforme et varie selon les années et la localité. Ils ont droit en outre à tous les bois secs qu'ils trouvent dans leur atelier et aussi à toutes les coques et souches provenant de la patte de chaque pied détaché au-dessus de l'entaille.

L'écorce se livre, pour la façon due au bûcheron, au muid de cent vingt bottes. — Pour le tanneur qui l'achète, au cent quatre bottes pour cent payables.

Le voiturier qui transporte l'écorce au moulin est payé comme le bûcheron au muid de cent vingt bottes.

BAUX A LOYER.

Le bail verbal est censé fait pour l'année et se paie, sauf convention contraire, à la fin de chaque année ; les congés se signifient réciproquement trois mois d'avance pour les loyers supérieurs à cent francs, et six semaines pour les loyers inférieurs.

CANTON DE BOUILLY.

BOIS. — USUFRUIT. (Art. 590 et 593, C. N.)

Pour l'usufruit des bois il n'y a pas d'usages particuliers, le Code Napoléon règle cette jouissance.

Les bois s'aménagent à 18, 20, 24 et 25 ans.

Il sera parlé plus loin des bois d'usage ou affouages.

EAUX COURANTES ET CANAUX NON NAVIGABLES. (Art. 644 et 645.)

Il n'y a pas de règlements pour leur usage.

Les riverains sont propriétaires de chaque côté et en usent ou n'en usent pas, à leur volonté, suivant la nature de leurs propriétés; ceux qui s'en servent la prennent et la rendent.

En ceci les dispositions du Code régiraient avec les règlements administratifs.

CLOTURES. (Art. 663.)

N'a pas son application dans ce canton.

PLANTATION D'ARBRES A HAUTE TIGE. — DISTANCES.
(Art. 671.)

Généralement les habitants dans leurs discussions d'intérêt réclament toujours deux mètres au-delà de leurs arbres, plantent et exigent la plantation des hautes tiges à cette distance.

Différents jugements intervenus ont réglé à deux mètres après qu'il a été reconnu que l'usage de planter à deux mètres l'emportait.

Pour les arbres à basse tige et les haies, cette plantation s'est toujours faite et se fait comme le veut le Code, à 50 centimètres.

Les saules considérés comme basses tiges, pour ceux qui les tondent pour faire des échalas, se plantent à 50 centimètres dans la plupart des communes; à un mètre et à un mètre 33 centimètres dans plusieurs communes comme Moussey, Jeugny, Saint-Pouange, Crésantignes et Montceaux.

Plusieurs communes trouvent 50 centimètres trop peu, et en effet, on trouve des saules, dont la circonférence anticipe sur le voisin, plantés à cette distance.

Les osraies à 50 centimètres, dans quelques communes à un mètre; les vignes de 8 à 16 centimètres.

ÉLAGAGE. (Art. 672.)

Les hautes tiges s'élaguent d'après la loi.

Les saules suivant l'usage tous les trois ans, lorsque la tonte sert à faire des échalas ou doit servir à faire de nouvelles plantations.

Les peupliers de 3 à 4 ans.

Les haies, tous les 3 ans dans plusieurs communes, et 4 ans dans d'autres : et elles se rabattent à un mètre ou à un mètre 33 centimètres, généralement à cette dernière hauteur.

CONSTRUCTIONS SUSCEPTIBLES PAR LEUR NATURE DE NUIRE AU VOISIN. (Art. 674.)

Cet article n'a pas son application dans ce canton, où les habitations sont presque toutes à certaines distances les unes des autres, et ont généralement assez de terrain pour faire que ces sortes de constructions ne puissent nuire au voisin.

FOSSÉ. (Art. 666 et 667.)

Le fossé se reconnait mitoyen ou non d'après les dispositions de ces articles conformes à l'usage.

Pour l'établissement du fossé, la plupart laissent un terrain libre entre le fossé et le voisin dont la longueur est relative à la largeur et à la profondeur du fossé, 33 ou 16 centimètres; mais ceci présente matière à discussion si le terrain n'est pas borné, cet usage n'étant pas d'une généralité absolue.

HAIE. (Art. 670.)

La mitoyenneté de la haie ou sa propriété particulière se reconnaît d'après les principes de cet article.

Pour la propriété de la haie, la coutume donnerait divers moyens de la reconnaître ; entre prés et terres, vignes ou bois, dans le doute est réputée être du pré ou de la vigne.

Si elle est couchée ou plutôt si ses racines sont toutes couchées du même côté, elle appartient à celui du côté duquel portent les racines, mais ceci est encore matière à procès. Si celui qui a planté la haie, ou ses représentants, dans le but de s'approprier du terrain au-delà, ou même sans avoir ce dessein, l'élague continuellement de son côté et coupe les racines de son côté, la haie s'étendra par ses racines sur le voisin qui pourra un jour, à cause de ces racines poussées sur son terrain et alors toutes du même côté, prétendre la propriété de la haie.

S'il y a fossé entre la haie et le voisin, la haie et le fossé sont à celui du côté duquel se trouve la haie, qui alors a dû être plantée sur le rejet du fossé.

De même l'arbre appartient ou doit appartenir à celui du fonds duquel sort le tronc principal.

DÉLAIS A OBSERVER POUR LES CONGÉS DES LOCATIONS ET LES PAIEMENTS DES SOUS-LOCATIONS. (Art. 1736 à 1738.)

Généralement il n'est pas donné de congé pour faire cesser les baux verbaux.

Le bail doit finir au terme convenu.

Ordinairement c'est l'année pour les moissons et les terroirs dont toute la récolte se fait dans l'année, et pour les terres assolées pour autant d'années qu'il y a de soles ; cependant dans quelques communes (trois ou quatre), il serait donné congé 6 semaines ou 3 mois avant l'expiration du terme.

Il faut remarquer que ne pas donner congé est préférable, et qu'il faut que la convention non écrite cesse comme celle écrite, ainsi qu'il en est de toute convention qui doit tenir, écrite ou non, de droit au terme convenu, autrement le bailleur ou le locataire diminue ou augmente son loyer des frais du congé. Pourquoi cette dépense?

La coutume de Troyes, à cet égard, est très-sage lorsqu'elle dit : chacun doit savoir ce qu'il a fait et l'échéance de sa convention.

Art. 1753. L'application de cet article ne s'est pas encore faite, soit comme usage, soit comme devant servir à régir les parties.

RÉPARATIONS LOCATIVES. (Art. 1754 et 1755.)

Il n'y a pas d'usage suivi, le Code règle et règlerait dans l'occasion.

BAIL DE MEUBLES ET D'APPARTEMENTS MEUBLÉS. (Art. 1757 et 1758.)

Ces articles ou leurs équivalents comme usage n'ont pas eu encore leur application dans ce canton.

Art. 1759. Voir à l'art. 1736 rapporté plus haut.

OBLIGATIONS DES FERMIERS ENTRANTS ET SORTANTS. (Art. 1777.)

Il n'y a pas d'usage général dans ce canton où il n'y a que quelques fermes ; le Code régirait.

Cependant il paraît que le fermier sortant a droit à une chambre, à une écurie, à un grenier et à l'aire des granges.

PAILLE DES FERMES. (Art. 1778.)

Cet article règle le plus ordinairement.

LOUAGE D'OUVRAGE ET D'INDUSTRIE. (Art. 1779.)

Les domestiques de ferme ou de culture se louent le plus souvent à l'année et à prix d'argent.

Les domestiques charretiers se louent parfois pour un terme ou saison.

Les moissonneurs se paient ordinairement en grains.

Le berger se loue de Saint-Jean à Saint-Jean et se paie, partie en argent, partie en grain.

Il en est de même du pâtre.

Dans la plupart des communes, ils sont berger et pâtre communaux.

Dans quelques communes, dans les vignobles surtout, le louage de travail se fait à l'année ou pour certaine partie de l'année, pour certaine saison, mais à tant de jours par semaine.

GLANAGE. (Loi du 28 septembre 1791.)

Le glanage ne se fait que par les indigents et après l'enlèvement de la récolte.

Dans quelques communes, il est pris des arrêtés.

Mais l'arrêté pris par M. le Préfet, en date du 14 juin 1855, obvie à bien des inconvénients pour ce fait de glanage.

PARCOURS.

Le parcours ne s'exerce qu'après l'enlèvement des récoltes sur les champs qui ont été ensemencés ou sur les prés naturels, et aussi après le glanage.

Il n'y a pas de règlement ou plutôt de cantonnement, les communes n'ayant guère chacune qu'un berger ou particulier ou communal.

Aucun règlement ne fixe la quantité de têtes que chaque habitant peut mettre au parcours, chacun y met ce qui lui convient d'y envoyer, mais la loi prévoit.

Il n'y a pas de parcours de commune à commune.

N'ont droit au parcours que les bêtes tenues à titre de propriété par les habitants.

Le parcours n'a pas lieu sur les prairies artificielles.

VAINE PATURE.

Elle s'exerce sur les sombres, les jachères, les chemins, les prés, etc.

Les vaches ne vont dans les prés qu'après l'enlèvement des récoltes jusqu'au 11 novembre ; les moutons n'y vont qu'après la Saint-Martin jusqu'à mars ou avril.

Les oies ne vont pas aux prés et sont défendues sur certaines pâtures.

VIVE PATURE.

Elle s'exerce toute l'année sur les chemins, les terrains communaux, marais, pâtures, bruyères, etc., etc.

Et généralement, lorsqu'il y a un pâtre communal, personne ne doit conduire séparément à moins de n'aller que sur soi et de se clore, et ainsi du berger.

PATURAGES DANS LES BOIS.

A défaut de titre ou d'usage, le Code forestier règle aujourd'hui cet usage.

ASSOLEMENT.

La petite culture n'assole plus.

Le fermier dessaisonne aussi, mais à fin de bail il doit rendre comme il a pris en saisons ou soles.

CONTOURNAGE.

Quelques laboureurs contournent sur leurs voisins, mais presque tous les propriétaires s'opposent à ce genre de labours, objet de querelles fréquentes et qui tournent au détriment de celui-là qui contourne plutôt que de faire une fourrière. Contourner nuit au voisin, surtout quand il a ensemencé et dans les temps pluvieux.

GRAPILLAGE.

Il se fait par les indigents de 6 à 10 jours après l'ouverture de la vendange fixée par le ban arrêté.

CURAGE DES CANAUX ET RIVIÈRES. (Loi du 14 floréal an XI.)

Il n'y a pas de règlements.

Les riverains, propriétaires de canaux et rivières non navigables, doivent pourvoir à leur curage et à leur entretien.

OUVRAGES D'ART. — LEUR ENTRETIEN.

Il n'y a pas d'ouvrages d'art sur les rivières non navigables parcourant ce canton, si ce n'est quelques ponts entretenus, pour la grande voirie, par l'Etat, et pour les chemins vicinaux, par les communes.

AFFOUAGES.

Plusieurs communes sont propriétaires par indivis de bois affouages.

Le Code forestier règle cette propriété ; mais pour la distribution des affouages les communes ont établi différents modes.

Chez les unes, l'étranger doit avoir un an de domicile, le natif doit être majeur et posséder l'héritage de ses père et mère.

Les jeunes mariés, un an de ménage.

Dans d'autres, l'habitation doit seulement être distincte de celle des père et mère, et il faut vivre séparément à son foyer.

Dans plusieurs, les célibataires âgés de 36 ans ont droit s'ils habitent une chambre séparée à côté de leurs parents et quoiqu'ils vivent en commun avec eux. (Une commune voisine rejette cet usage.)

Les nouveaux arrivants ont droit à une part s'ils sortent d'une commune affouagère, autrement il leur faut un an de domicile.

Les natifs mariés avant le 1er juillet ont leur part délivrée en avril suivant ; les héritiers du décédé après le 1er juillet ont sa part en avril suivant.

Dans d'autres, il faut être habitant avant le 1er mai.

Les héritiers de l'inscrit ont droit à sa part, le décès arrivant avant le partage.

Tout individu inscrit a droit à sa part, alors qu'il quitte la commune avant le partage.

Tout individu qui se marie après la clôture de la liste, est sans droit s'il n'est déjà habitant.

Ailleurs il faut six mois de résidence avant la délivrance de la coupe par l'administration.

La succession de l'affouager qui décède avant le versement de l'impôt n'a pas droit à sa part.

L'affouager quittant la commune avant le paiement des frais n'a plus droit.

Tout natif devenu majeur qui prendra sa chambre à côté de ses parents, ou de leur habitation, n'a droit qu'au bout d'un an ; s'il s'éloigne de ses parents, il ne lui faut plus que six mois.

Tout habitant qui se marie après la clôture de la liste a droit à une part s'il a domicile réel d'un mois avant le versement des frais.

Ailleurs encore, six mois de domicile avant l'établissement de la liste ou dix-huit mois avant la délivrance définitive des parts.

Le fils ou la fille après son mariage a droit à une part sans condition d'habitation.

Celui qui quitte la commune avant la délivrance définitive perd son droit.

Ailleurs, il faut être habitant à la Saint-Georges ; celui qui se marie en mai a droit à une part s'il est logé ; une fois porté sur la liste on a droit à une portion.

Ailleurs, le natif a droit aussitôt marié, et l'étranger après un an de domicile.

CANTON D'ERVY.

PLANTATIONS. — FORÊTS. — CLOTURES.

(Art. 590, C. N.)

L'usufruitier d'un bois observe l'ordre des aménagements fixés par le propriétaire. Ces aménagements sont de 18 à 20 ans pour les grands bois, de 8 à 10 ans pour les boulinières.

(Art. 593.)

L'usufruitier et le fermier élaguent les saules tous les trois ans, jamais plutôt ni plus tard; quant aux peupliers, ormes, érables et chênes dits têtards, ils peuvent les émonder tous les quatre ans, jamais plutôt, en laissant aux peupliers principalement, quatre couronnes non compris l'aiguille.

(Art. 666.)

Tout fossé d'un mètre ou d'un mètre 33 centimètres de largeur séparatif d'héritage est ouvert pour les terres, les prés, les bois et autres propriétés à une distance ou franc-bord de 50 centimètres de l'héritage voisin.

(Art. 671.)

Les haies vives sont plus particulièrement plantées en épine blanche, l'épine noire ayant l'inconvénient de tracer et d'étendre ses racines et ses rejets sur le fonds voisin.

La distance généralement observée pour la plantation de ces haies est de 50 centimètres de l'héritage contigu. On les maintient le plus ordinairement à une hauteur d'un mètre; on les élague deux fois par an, en février et juin.

Les arbres à hautes tiges se plantent à un mètre 66 centimètres de la propriété voisine; la même distance est observée pour la plantation des bois et de bois à bois, à moins de conventions contraires et particulières entre propriétaires.

Les arbres nains, les espaliers et autres arbustes, les oseraies, les vignes, se plantent à 50 centimètres du voisin, ainsi que les saules qui sont considérés comme arbres à basses tiges.

CONSTRUCTIONS. — BAUX A LOYER. — BAUX A FERME.

(Art. 663.)

La hauteur des murs de clôture compris le chaperon, à Ervy seulement (ville et faubourgs), est de deux mètres 66 centimètres à partir du sol.

(Art. 674.)

Pour la construction des fours, on observe ce que prescrit l'art. 64 de l'ancienne coutume de Troyes qui veut que celui qui construit laisse une distance de 50 centimètres entre lui et son voisin. Il en est de même pour les fosses d'aisances.

Quant aux autres constructions énumérées dans l'art. 674 du Code Napoléon, on s'en réfère spécialement à la coutume de Paris, art. 188 et suivants.

(Art. 1736.)

L'usage pour les congés des baux de maisons est de prévenir six mois à l'avance, lorsqu'il s'agit d'une maison entière, bourgeoise ou marchande, trois mois d'avance pour une portion de maison dont le prix du loyer n'excède pas 300 fr., et six semaines à l'avance lorsqu'il s'agit d'une simple chambre ou simple appartement.

(Art. 1738.)

On loue communément les maisons pour une année entière et jamais pour moins de temps.

(Art. 1753.)

Le paiement des prix des baux des maisons n'a pas lieu par anticipation; il se règle en totalité à la fin de l'année.

(Art. 1759.)

Dans le cas de l'article 1759 du Code Napoléon, il s'opère un nouveau bail d'une année seulement, mais alors le congé doit être signifié suivant ce qui est dit d'autre part pour les congés.

(Art. 1754, 1755 et 1777.)

Il n'existe aucun usage contraire aux dispositions des art. 1754 et 1755 du Code Napoléon qui sont régulièrement observées.

Les conditions prescrites par l'art. 1777 n'ont point de règles fixes, les parties les déterminent elles-mêmes à leur égard et sans uniformité.

PARCOURS. — VAINE PATURE. — GLANAGE. — BANS DE VENDANGE.

Dans les prairies naturelles, la vaine pâture est généralement interdite en tout temps aux moutons, chèvres, porcs et oies.

Les autres bestiaux et animaux de trait y sont conduits après l'enlèvement entier des récoltes et jusqu'au 11 novembre. (Loi des 28 septembre et 6 octobre 1791.)

Le parcours et la vaine pâture sont l'objet de règlements municipaux qui déterminent les époques de l'exercice de ce droit, et le nombre par hectare, de tête de bétail, lequel varie de un à trois pour les moutons. (Loi des 28 septembre et 6 octobre 1791.)

Le glanage, le ratelage, le grapillage et les bans de vendange sont réglés annuellement par l'autorité municipale ; il n'en est pas de même pour la fauchaison et la moisson, chaque propriétaire usufruitier ou fermier fauche et moissonne à sa volonté. (Loi des 28 septembre et 6 octobre 1791.)

COURS D'EAU. — IRRIGATIONS. (Art. 644 et 645, C. N.)

L'usage des eaux s'opère comme il est dit aux articles 644 et 645 du Code Napoléon cependant les irrigations des prés pour la première herbe ont lieu tous les huit ou quinze jours en mars, avril et mai; pour ceux à seconde coupe ou à regains, elles ont lieu à mêmes intervalles en juillet et août.

Le curage des canaux, cours d'eau et rivières non navigables et l'entretien des travaux d'art sont réglés par des arrêtés de M. le Préfet, sur la demande des propriétaires intéressés. (Loi du 14 floréal an XI.)

CANTON D'ESTISSAC.

En ce qui concerne l'Usufruit des Bois.

1° L'âge de l'aménagement des forêts et des bois étant généralement de 20 ans, l'usage est pour l'usufruitier de se conformer à cet aménagement, et de marquer pour futaie et haute futaie par chaque parcelle de 42 ares 20 centiares : 1° 30 baliveaux de l'âge du taillis ; 2° 10 modernes ; 3° 2 meneaux ou filardeaux ; 4° et un ancien ;

2° A l'égard des bois dits boulinières qui se coupent terme moyen à l'âge de 9 ans, l'usufruitier suit l'usage, c'est-à-dire qu'il ne coupe ses boulinières qu'à 9 ans, et qu'il n'y laisse aucune réserve ou au moins qu'il n'est pas tenu d'en laisser ;

3° Il en est ainsi pour ce qu'on appelle des accrues, lesquelles toutefois ne se coupent qu'à l'âge de 15 ans.

4° Il n'existe point de pépinières, quelques habitants seulement font un très-faible commerce d'arbres, et jamais ces derniers ne cèdent l'usufruit de ces arbres.

5° L'usage est d'acheter soit dans les ventes ou coupes de bois, soit ailleurs, des échalas ou paisseaux pour les vignes.

6° Si l'usufruit comprend des saules ou des peupliers, l'usufruitier doit couper les saules tous les trois ans ni plutôt, ni plus tard, et émonder les peupliers tous les cinq ou six ans.

7° Et l'usufruitier n'a droit qu'aux tontes et émondes de ces saules et peupliers.

En ce qui concerne les servitudes :

1° Dans toutes les communes du canton où il existe des cours d'eau, il est d'usage de se servir de l'eau à son passage pour l'irrigation des propriétés, d'user de cette eau dans l'intervalle qu'elle parcourt l'héritage et de rendre cette eau à son cours ordinaire.

2° Dans certaines communes, à Bucey par exemple, les propriétaires irriguent eux-mêmes leurs prés, dans d'autres, notamment à Estissac, cette irrigation se fait à différentes époques de l'année par l'entremise de personnes à ce préposées et moyennant salaire fixé, et dans d'autres pays, tels que Bercenay et Chennegy, à cause des usines et moulins qui y existent, les propriétaires de prés ne peuvent prendre l'eau qu'à certains jours et heures fixés, pendant lequel temps les moulins et usines doivent chômer sans indemnités.

3° Dans le canton on utilise peu les eaux pluviales.

4° Le tour d'échelle (servitude par suite de laquelle on est soumis à laisser appuyer sur son fonds les échelles nécessaires à la réparation de l'édifice du voisin) est généralement dans le canton confondu avec l'échelage, (certain terrain qu'un propriétaire en bâtissant laisse libre autour de ses clôtures, afin de pouvoir y faire poser des échelles ou y faire passer lorsqu'il voudra réparer sa maison).

BORNAGES.

Le bornage des héritages contigus est complètement mis en usage dans le canton, et cette opération se fait plus souvent en justice qu'à l'amiable.

CLOTURES.

Les clôtures en usage dans le canton sont faites par des murs, par des haies vives, par des haies mortes et par des palissades, ainsi que par des fossés dont les largeurs et les profondeurs ne sont pas toujours uniformes, et enfin par des perches attachées à des piquets et établies ainsi momentanément pour se soustraire à la vaine pâture ou pour faire des regains.

PARCOURS.

Il n'existe pas de droit de parcours dans le canton ; il est même interdit dans quelques communes du hameau au chef-lieu de la commune. Ainsi, à Bucey il n'existe pas entre cette commune et le Grand-Chaast, hameau en dépendant ; ces portions de commune ont l'usage exclusif sur leur territoire particulier à la vaine pâture (cela vient de ce qu'avant 1789 ces deux localités avaient leur justice seigneuriale particulière quoique ressortissant du même clocher), et aujourd'hui encore lesdites deux localités ont leurs affouages respectifs.

VAINE PATURE. — PATURAGE. — PACAGE. — PANAGE.

L'usage dans le canton est d'exercer les vaines pâtures sur toutes les terres en jachères ou à sombre, sur les chemins et dans les prés. Cette vaine pâture s'exerce, savoir : pour les vaches, depuis l'enlèvement de la première coupe jusqu'au 11 novembre (Saint - Martin d'hiver), et pour les moutons, depuis cette époque jusqu'au 25 mars. — Il résulte de cet usage que, dans les prés non clos, les propriétaires ne peuvent pas faire de regains, et qu'au moyen de ce que, depuis longtemps déjà on a perdu l'usage de laisser des terres en jachères, le droit d'exercer la vaine pâture est pour ainsi dire restreint aux chemins pendant l'année, et aux prés pendant une partie de l'année.

Et à l'égard du pâturage, du pacage et du panage, ces droits ont cessé d'être exercés dans le canton.

GLANAGE.

Le glanage se fait après l'enlèvement de la récolte par des enfants et par quelques personnes indigentes et hors d'état de travailler.

MURS ET FOSSÉS. — MITOYENNETÉS.

L'usage généralement suivi est la maxime : *Ne se clôt qui ne veut.* Au propriétaire qui veut se clore, le droit de le faire à ses frais et dépens, et l'obligation par conséquent d'établir sa clôture sur son terrain et de manière à ce que le voisin ne soit aucunement tenu d'y contribuer. La hauteur des murs qui forment clôture est habituellement, chaperon compris, de deux mètres. — Il y a peu de murs et fossés mitoyens.

HAIES VIVES. — HAIES MORTES.

Les haies vives comme les haies mortes sont presque toujours faites de manière à éviter la mitoyenneté. L'on reconnaît cette non-mitoyenneté par le soin pris de fixer la haie morte ou la palissade à la limite de sa propriété et de faire les nœuds des liens de son côté. — La hauteur des haies vives est de un mètre 30 centimètres à un mètre 50 centimètres, et celle des haies mortes de un mètre 65 centimètres.

ARBRES A HAUTES ET A BASSES TIGES.

L'usage était de planter les arbres à hautes tiges à un mètre 67 centimètres du voisin ; mais aujourd'hui et depuis longtemps déjà, l'usage est de les planter à deux mètres du voisin.

Les arbres à basses tiges ainsi que les haies vives et les arbustes sont toujours plantés à 50 centimètres du voisin.

Il en est de même pour les saules, lorsqu'ils sont destinés à produire des paisseaux ou échalas et dont les branches sont coupées tous les trois ans. — Ces saules ne dépassent pas une hauteur de deux mètres à deux mètres 50 centimètres, et sont ainsi considérés comme arbres à basses tiges.

CONSTRUCTIONS. — PUITS. — FOSSES D'AISANCES. — CHEMINÉES, ETC.

Il n'existe généralement aucun usage, ni règlement pour ces sortes de constructions, et ordinairement on fait ces travaux de manière à ne pas nuire à son voisin.

VUES SUR LA PROPRIÉTÉ DE SON VOISIN.

L'on observe les prescriptions légales pour les vues droites et pour les vues obliques sur la propriété de son voisin.

ÉGOUT DES TOITS ET PASSAGES.

Il en est ainsi pour l'égoût des toits ainsi que pour les droits de passage.

LOUAGE DES CHOSES.

L'usage est de louer les maisons pour un an à partir du 24 juin. Il y a des communes, Bercenay et Chennegy, où le louage part du 23 avril. — Pour toutes les localités, il est d'usage de donner congé trois mois avant l'expiration du bail fait sans écrit et par exploit d'huissier, comme aussi de ne pas charger le locataire de l'impôt des portes et fenêtres, lequel impôt est payé par le propriétaire sans réclamation ni contestation. — Le mode de paiement des loyers est en argent, il se fait au domicile du bailleur, et à l'égard des réparations locatives, elles sont faites selon le vœu de la loi par le locataire, qui de plus demeure toujours chargé du ramonage des cheminées.

Pour les biens ruraux, l'usage est de se conformer aux prescriptions légales, et par exception, mais pour plus de sûreté, on signifie congé six mois avant l'expiration du bail.

LOUAGE D'INDUSTRIE ET D'OUVRAGE.

L'usage est de louer les domestiques à l'année du 24 juin au 24 juin, notamment pour les fermes et les exploitations rurales, et de payer en argent les gages de ces domestiques. — Il est d'usage de payer aussi en argent les gens de journées et les ouvriers.

A l'égard des moissonneurs et des faucheurs, il est d'usage de payer les salaires en grains pour les premiers, et en argent pour les derniers.

Pour les bûcherons ou ouvriers de bois dont les salaires sont généralement payés à la façon, il est d'usage dans les exploitations ou coupes de bois de partager cette coupe par ce qui est vulgairement appelé un *ordon*, et de fixer cet ordon par des marques particulières, à tel point que, lorsque des bûcherons ont entrepris cet ordon, le patron ou l'exploitant ne pourrait pas y mettre d'autres ouvriers, et que ceux qui se regardent comme obligés à faire cet ordon qu'ils ont entrepris n'admettraient pas de nouveaux ouvriers.

CURAGE DES MARES, DES CANAUX ET DES RIVIÈRES.

Ces travaux sont généralement faits par les soins, à la diligence et aux frais des administrations municipales. — Vainement on ferait à cet égard appel aux populations qui ne se regarderaient pas comme obligées à exécuter lesdits travaux, et qui par suite se refuseraient à obtempérer aux ordres ou injonctions des maires. Ces travaux laissent généralement à désirer sous le rapport des intérêts agricoles, industriels et commerciaux, comme sous le rapport de la salubrité publique.

CANTON DE LUSIGNY.

---

§ 1er. — PLANTATIONS.

Les arbres à haute tige sont plantés à un mètre 66 centimètres de distance de l'héritage voisin, et ceux à basse tige à 50 centimètres seulement.

Les haies vives, quelle que soit l'essence du bois, sont plantées à la même distance que les arbres à basse tige.

Sont considérés comme arbres à haute tige tous ceux qu'on laisse monter à leur hauteur naturelle; sont considérés comme arbres à basse tige tous ceux qu'on coupe en tête à deux mètres environ de hauteur, le tout quelle que soit l'essence du bois (1).

Sont assimilés aux arbres à basse tige et plantés à la même distance de l'héritage voisin : 1° les arbres nains à fruits ; 2° les oseraies; 3° les lignes d'acacias et de marsaults; 4° et les bois-taillis sous haute futaie.

Les haies ou les saules ou peupliers à tête doivent être tondus tous les trois ans, et les bois-taillis ainsi que les lignes d'acacias et de marsaults doivent être coupés après une période de six à huit ans.

Les vignes sont plantées à 0,16 centimètres du voisin, sans distinction pour les vignes à treille et pour les vignes à pied (c'est-à-dire simplement à échalas).

§ 2. — FOSSÉS.

Les fossés limitrophes de l'héritage voisin sont établis à rive dudit héritage sans laisser de francs-bords d'aucune nature.

---

(1) La cour de cassation, par arrêt du 25 mai 1853 (Dalloz, recueil périodique, T. 1853, I. 200), a décidé au contraire que la distance doit être déterminée d'après la nature des arbres et non d'après leur élévation réelle. — Aff. Sallot de Montachet. — (Note de l'auteur.)

§ 3. — VAINE PATURE ET CLOTURE.

Le droit de vaine pâture sur la même commune (celui de parcours de commune à commune n'existant plus depuis 1759) s'exerce dans les prés depuis l'enlèvement de la première herbe, s'il n'y a clôture de la propriété, jusqu'au 25 mars de l'année suivante.

A dater du 25 mars, sont interdits non seulement le droit de vaine pâture, mais tous droits de passages dans ces prés même pour y mener des détritus fécondants, ou pour enlever des bois ou élaguer des arbres plantés dans lesdits prés.

Les clôtures établies par un usage immémorial et reconnues suffisantes pour mettre les prés en réserve (c'est-à-dire les interdire à la vaine pâture et produire des regains), consistent, outre celles fixées par la loi, en deux rangs de lisses fixées de distance en distance à des arbres ou à des pieux volants.

Quand le sol des prairies est détrempé par suite d'inondations ou de pluies excessives, la vaine pâture cesse de s'exercer soit en vertu d'un arrêté municipal, soit sur la plainte des intéressés.

§ 4. — LOCATIONS ET BAUX A FERME.

LOCATIONS.

En cas de bail non écrit, l'usage constant et uniforme étant que la location a lieu avec le terme préfixé d'un an, les parties intéressées ne sont pas tenues de se donner congé avant l'expiration de l'année; le bailleur est de plein droit libre de louer à un autre preneur, et réciproquement le preneur en jouissance est libre de prendre une autre location sans avertir le propriétaire de son intention de quitter les lieux.

Néanmoins quand un locataire a déjà joui plus d'une année, et qu'il continue sa jouissance sans avoir un terme préfixe, il y a tacite reconduction, et dans ce cas le bailleur ne peut reprendre la jouissance des lieux sans donner congé à l'avance au preneur, comme ce dernier ne peut cesser cette jouissance sans donner à l'avance congé au bailleur.

Pour une maison entière, le congé doit être donné au moins trois mois avant la fin de l'année ou du retour du terme précédemment convenu entre les parties; pour une chambre ou une partie de maison, il suffit de donner congé six semaines à l'avance.

L'entrée en jouissance est ordinairement fixée au 23 avril de chaque année.

Les réparations locatives sont faites conformément à la loi (art. 1732 et 1754 du code Napoléon).

BAUX A FERME.

Les baux à ferme comprenant avec les terres un corps de bâtiments d'exploitation sont généralement écrits et commencent le 23 avril.

Le fermier sortant conserve depuis le 23 avril, jour de sa sortie jusqu'au 23 avril suivant, le droit de jouir 1° d'une chambre à feu s'il y en a plus d'une dans la ferme, ou d'une chambre sans cheminée s'il n'y en a qu'une à feu ; 2° du grenier aux grains ; 3° de la grange ; 4° et d'une écurie avec un petit grenier à fourrages.

Le fermier entrant jouit de tout le surplus des bâtiments, ainsi que des terrains et enclos y attenant.

Le fermier sortant laisse les pailles, fumiers et terreaux, mais il a droit d'enlever la colombine et le crotin des volailles.

Le curement des puits et des mares est à la charge du fermier, lequel est tenu aussi d'entretenir les haies vives et mortes et les palissades en bon état de clôture.

L'époque du paiement des fermages est fixée au 11 novembre de chaque année, le premier paiement s'effectue après la première récolte du fermier, c'est-à-dire au 11 novembre de la deuxième année, au cours de son bail.

Le fermier n'a pas droit à la chasse sur les terres qu'il tient du bailleur.

§ V. — LOUAGE DES DOMESTIQUES.

Les domestiques employés à la culture commencent généralement eur année le 24 juin (Saint-Jean), et s'ils ne renouvellent pas leur engagement au 24 juin suivant, ils quittent leur maître sans être tenus de les prévenir, de même ceux-ci les remplacent sans être tenus de les prévenir à l'avance.

§ VI. — DISTANCE INTERMÉDIAIRE POUR CERTAINS OUVRAGES.

Il n'y a aucune distance intermédiaire fixée par l'usage pour établir des fours, cheminées et étables contre le mur ou la propriété de son voisin ; la seule règle est que le propriétaire voisin ne peut se plaindre que dans les termes généraux de droit, c'est-à-dire quand il éprouve un préjudice certain (art. 1382 du code Napoléon).

Il en est de même pour l'établissement des puits, fosses d'aisances et trous à fumier.

CANTON DE PINEY.

DROITS DE L'USUFRUITIER.

Il n'y a pas d'usages constants parmi les propriétaires pour l'aménagement de leurs bois et forêts. Les uns coupent leurs taillis à 18 ans, les autres à 20 ans, quelquefois à 25 ans. L'usufruitier devra se conformer à l'usage de chaque propriétaire.

Quant à la haute futaie, les propriétaires en coupent annuellement une certaine quantité qui varie suivant le nombre d'arbres dépérissant ou parvenus à toute leur croissance.

On réserve ordinairement par hectare 80 baliveaux, 25 modernes, 10 cadets et 4 anciens.

Certains arbres s'émondent périodiquement, tels que les saules, les peupliers, les ormes et les frênes.

Les saules se coupent régulièrement tous les trois ans, les peupliers tous les cinq ans, les ormes et les frênes tous les huit ans. Ces élagages se font ordinairement dans le cours de novembre et de mars.

PLANTATIONS.

On se conforme généralement pour la plantation des arbres à haute tige, comme pour celle des autres arbres et haies vives, aux distances prescrites par le Code Napoléon.

Les saules en têtards et les bois-taillis sont considérés comme arbres de basse tige.

La vigne se plante à la même distance que les haies vives, c'est-à-dire à 50 centimètres.

CLOTURES.

Les haies mortes comme les palissades s'établissent sur la limite même des héritages, cependant dans quelques localités on observe une distance de 8 centimètres pour les haies mortes.

FOSSÉS.

Les fossés se creusent ordinairement à 16 centimètres du fonds voisin, néanmoins un certain nombre de propriétaires les creusent sur la limite de leur propriété, notamment lorsqu'il s'agit de fossés de petite dimension.

CONSTRUCTIONS.

Le puits ou la fosse d'aisance que l'on fait creuser à la proximité de l'héritage voisin doit être séparé de cet héritage par un mur ou contremur de 50 centimètres d'épaisseur.

Pour un âtre ou cheminée que l'on veut adosser à un mur mitoyen ou non il faut faire un contre-mur de 33 centimètres d'épaisseur.

On suit en cela la coutume de Troyes qui régissait une partie du canton de Piney ; l'autre partie, la plus forte, était régie par la coutume de Chaumont.

BAUX.

Le bail verbal à loyer est censé fait pour un temps indéterminé.

Le bail verbal d'une terre labourable est censé fait pour trois ans.

Le congé se donne six mois d'avance pour une ferme, trois mois pour une maison entière et quarante jours pour une chambre.

Les baux à ferme commencent et finissent à la Saint-Georges ou 23 avril.

Les baux à loyer commencent et finissent à la Saint-Georges ou à la Saint-Remi ou 1er octobre, mais plus ordinairement à la Saint-Georges.

Le fermier entrant et le fermier sortant se conforment aux prescriptions du Code Napoléon pour les facilités qu'ils doivent réciproquement se donner. Il n'y a pas d'usage contraire ou différent.

Les réparations locatives autres que celles qui sont énumérées dans le code sont le nettoiement des cheminées, le blanchissage des plafonds et cloisons du haut en bas, le lavage des lambris et des vitres, l'entretien des cordes de puits, la réparation de l'aire et de la voûte intérieure du four, l'entretien des allées du jardin, des haies vives et des haies mortes.

ECHELAGE.

L'étendue et la servitude du tour d'échelle, quand le titre ne l'explique pas, est ordinairement fixée à un mètre (1). Cette servitude n'était pas légale et ne pouvait s'acquérir que par titre.

AFFOUAGES.

La répartition des affouages se fait conformément aux prescriptions du Code forestier. Il n'y a pas d'usage contraire ou différent.

VAINE PATURE.

La vaine pâture s'exerce dans le canton depuis un temps immémorial. Chaque commune se renferme dans l'enceinte de son finage pour l'exercice de ce droit. La vaine pâture dans les prés est généralement réservée au gros bétail ; elle s'exerce jusqu'au 1er novembre. L'ouverture en est fixée par un avis de la municipalité.

LOUAGE.

Celui qui prend une vigne à cultiver s'engage de lui donner trois labours, à la paisseler, à la tailler et à la lier. Ces sortes d'engagements ne sont qu'annuels.

Il n'y a pas d'usage particulier pour le louage des domestiques ; on donnait autrefois un denier à Dieu ; cela ne se pratique plus.

---

(1) Voir l'acte de notoriété du Châtelet de Paris du 23 août 1701 ; ce que c'est que le droit du tour d'échelle. — Recueil de Denizart, 3e édit., p. 218.

ARRONDISSEMENT D'ARCIS.

CANTON D'ARCIS.

(Art. 590, C. N.)

Les taillis se coupent à l'âge de 5 ou 6 ans, les aunelles en taillis à 8 ans, les marsaults à 3 et 4 ans, et l'oseraie tous les ans.

Il n'y a pas de pépinière dans le canton, et, par conséquent, il ne peut y avoir d'usage sur ce point.

(Art. 591.)

Dans les bois naturels, mais non dans les plantations faites de main d'homme, il est d'usage de prendre de la haute futaie lors de la coupe du taillis, une fois seulement sur deux coupes de taillis, mais modérément, c'est-à-dire sans dégarnir le fonds d'une manière préjudiciable.

(Art. 593.)

Le produit périodique des arbres consiste dans les émondes que l'on prend dans les bois une fois sur deux coupes de taillis ; dans les plantations, l'émondage a lieu comme pour les arbres des bois naturels ; les saules sont émondés tous les trois ou quatre ans.

(Art. 601 et 618.)

Il est d'usage que l'usufruitier mette sur les terres ou y fasse mettre par son fermier autant de fumier que peuvent en fournir les pailles et les fourrages que produisent les mêmes terres.

(Art. 645.)

Il n'y a pas sur cet objet de règlement particulier dans le canton.

(Art. 663.)

On observe la hauteur présente par cet article, parce que la clôture n'étant pas obligatoire dans le bailliage de Troyes, il ne pouvait y avoir d'usage local sur ce point avant la promulgation du Code Napoléon.

Mais il est d'usage de maintenir les haies vives mitoyennes à une hauteur qui n'excède pas deux mètres, sans que cependant l'un des communistes puisse, sans le consentement de l'autre, réduire la haie au-dessous de cette hauteur.

(Art. 671.)

On observe les distances prescrites par le code, excepté pour les saules que l'usage est de planter à un mètre de distance des voisins, d'étêter à deux mètres de hauteur, et d'émonder tous les trois ou quatre ans, comme il est dit plus haut.

On n'observe aucune distance à l'égard du voisin pour les arbres et broussailles qui naissent naturellement dans les bois, contre bois.

Mais l'usage est de réduire à deux mètres de hauteur les haies, même non mitoyennes, sans préjudice de la distance légale.

(Art. 674.)

L'article 674 de la coutume de Troyes a fixé la distance pour les fours et les fosses d'aisance, mais les prescriptions n'en sont pas observées ici, d'abord parce que pour les fours, l'art. 190 de la coutume de Paris a prévalu, la distance qu'elle détermine n'ayant pas paru suffisante, et ensuite parce que la distance fixée par la coutume de Troyes, relativement aux fosses d'aisances, n'a pas été trouvée assez grande.

On suit pour les étables, cheminées, âtres, fours, forges et fourneaux, les dispositions des articles 188, 189 et 190 de la coutume de Paris.

Mais bien que la coutume de Paris soit ici suivie pour les cas non prévus par celle de Troyes, on n'y observe cependant pas la disposition des articles 191 et 217 de la coutume de Paris, parce qu'à raison de la solidité du sous-sol, l'usage des contre-murs est inutile, et les distances prescrites par l'article 217 peuvent être réduites sans inconvénient.

Ainsi, les puits, fosses d'aisances, puisards, cloaques, murs, trous à fumier et fossés à décharge des eaux putrides, s'établissent à un mètre de distance du voisin.

Pour les fossés séparatifs des héritages ruraux, lorsqu'ils ne sont pas mitoyens, soit qu'ils protègent des plantations, soit qu'ils forment simplement clôture, il est d'usage que le plafond soit à une distance du voisin égale à la profondeur du fossé, et, quelle que soit l'inclinaison des parois, de laisser un franc-bord de 16 centimètres au moins.

— Règlement spécial à la ville d'Arcis, en date du 10 mai 1839, approuvé le 3 juin même année par M. le Préfet, et dont les articles 58, 59 et 60, sont relatifs à la matière :

(Art. 58.)

« Pour construire *âtre* ou *cheminée* contre un mur mitoyen, on sera « tenu de faire en pierres ou briques un contre-mur de dix-sept centi- « mètres d'épaisseur.

« Lorsqu'il s'agira de construire une *cheminée* contre un *pan de bois*, « le dossier devra avoir cinquante centimètres d'épaisseur, jusqu'à la « hauteur d'un mètre soixante centimètres, où sera fait un talus ou « glacis pour regagner l'épaisseur qui sera donnée au reste du dossier. « Cette hauteur sera prise à partir du foyer de la cheminée ; dans toute « autre position, l'épaisseur des murs au dossier de la cheminée doit « être de 44 centimètres.

« Les *murs des forges, fours* et *fourneaux*, devront avoir *quarante-* « *neuf centimètres d'épaisseur*, et être séparés des *murs mitoyens* par une « distance de *dix-sept centimètres.* Cette distance sera de *trente-trois* « *centimètres* si, au lieu de *murs* mitoyens, il existe des cloisons ou « pans de bois.

(Art. 59.)

« Les architectes, maçons, charpentiers et autres, s'occupant de « constructions, ne pourront à l'avenir asseoir ni établir aucun *tuyau* « de cheminée contre des *cloisons, pans de bois, poutres, solives, sabliè-* « *res* entraits, faîte, sous-faîte, ni faire aucun ceintre de cheminée sur « poutres, sablières et autres bois.

« Ils ne pourront de même encastrer aucune poutre, solive, faîte, « sous-faîte, chevrons, sablières, ni autres bois dans les *manteaux* et

« *tuyaux de cheminées.* Ils devront au contraire les tenir éloignés des-« dits tuyaux de *dix-sept centimètres au moins.*

(ART. 60.)

« Les personnes indiquées en l'article précédent ni aucune autre « ne pourront, en construisant ou réparant des cheminées, *employer* « *aucun bois*, soit pour manteaux, pontons, chevilles, etc. Elles de-« vront placer les solives d'enchevêtrures et les linsoirs *à huit centi-* « *mètres* au moins des tuyaux desdites cheminées et remplir cet in-« tervalle avec plâtre et briques.

« Dans le cas où il serait établi une cheminée *au-dessus du rez-de-* « *chaussée* et dans un étage supérieur, il sera laissé entre les solives un « vide pour former l'âtre, ce vide ou trémie sera proportionné pour la « longueur et la largeur à celles de la cheminée, mais ne pourra avoir « *moins d'un mètre de largeur* depuis le dossier jusqu'à la solive d'en-« chevêtrure et sera rempli en maçonnerie, briques et plâtre, soutenu « par des bandes de fer jusqu'au niveau du plancher; sur cette maçon-« nerie seront construites les jambettes de la cheminée, lesquelles « devront être à huit centimètres de distance des chevêtres.

« Les *tuyaux des cheminées* devront avoir une largeur de vingt-quatre « à vingt-sept centimètres. Les longuettes qui seront faites avec plâtre « auront huit centimètres d'épaisseur; cette épaisseur sera de dix « centimètres pour les longuettes faites avec des briques, et de treize « à dix-huit centimètres pour celles faites en moëllons de craie.

« Les tuyaux des cheminées devront toujours être élevés de cinquante « centimètres au moins au-dessus du faîtage des bâtiments dans les-« quels ils seront pratiqués, et de tous les bâtiments qui se trouveraient « assez rapprochés pour qu'il y eut danger de tenir les tuyaux moins « élevés. »

(Art. 1736 et 1762, C. N.)

Le délai pour donner congé est de six semaines pour les loyers de soixante francs par an et au-dessous.

De trois mois pour les loyers au-dessus de soixante francs jusqu'à quatre cents francs par an.

De six mois pour les loyers supérieurs à quatre cents francs par an.

(Art. 1753.)

L'usage est de payer par trimestre.

(Art. 1754.)

On se conforme aux dispositions indicatives de la loi sans y rien ajouter.

(Art. 1757, 1758 et 1759.)

L'usage est de louer à l'année.

(Art. 1766.)

Dans un gagnage, c'est-à-dire dans un bail de terre labourable sans bâtiments de ferme, le preneur fume chaque année à froment une quantité de terre égale à celle des prés naturels compris dans le bail; si le gagnage ne comprend pas de prairies naturelles, le preneur n'est pas tenu de mettre du fumier sur les terres.

(Art. 1777.)

Les baux à ferme commençant le 23 avril, époque à laquelle le fermier entrant commence immédiatement le premier labour pour l'ensemencement des terres à seigle, tandis que le fermier sortant n'a plus à faire que la récolte, ce dernier ne doit conserver de place à l'écurie que pour les chevaux nécessaires pour la rentrée des récoltes pour mettre en mouvement le buttoir de la grange, et pour conduire les grains au marché; il ne doit avoir à l'étable que la quantité de vaches à lait nécessaire aux besoins du personnel restant pour faire la moisson, il doit vider complètement la bergerie et enlever tous les instruments de la cour, et faire ainsi place libre pour les bestiaux et les instruments de culture du fermier entrant, auquel il donne une place importante au fenil, et avec qui il partage par moitié le corps de logis.

SUR LE GLANAGE.

Il est d'usage de glaner après l'enlèvement de la récolte. La récolte est considérée comme enlevée après le charroi des gerbes, monceaux ou andins, lors même que les ratelées sont laissées dans le champ, amassées ou non amassées.

SUR LA VAINE PATURE.

Elle est exercée en vertu d'un usage immémorial dans les jachères en toute saison, dans les autres terres après l'enlèvement de la récolte, et dans les prairies naturelles après l'enlèvement de la première coupe ; l'usage étant contraire aux regains, sauf les six semaines en usage dans les années de sécheresse, et annoncées par un ban fixant le jour de l'ouverture de la vaine pâture dans les prés, mais non par une réserve de cantonnement, comme le porte l'art. 104 de la coutume de Chaumont qui ne régissait que le voisinage du canton d'Arcis.

Indépendamment de la défense faite par la coutume de Troyes de conduire les porcs dans les prés, un arrêt de règlement du Parlement de Paris du 30 novembre 1785, interdit la pâture des bêtes à laine dans les prés, excepté dans les propriétés closes appartenant aux maîtres des troupeaux.

Un règlement pris par le maire d'Arcis en conseil municipal, le 3 février 1835, interdit de nouveau, pour le finage d'Arcis, le parcours des moutons dans les prés en tous temps.

Une ordonnance de l'Intendant de Champagne du 7 octobre 1733, défend de laisser aller à la pâture les boucs, chèvres et chevreaux.

Toutes ces prescriptions et défenses sont observées dans le canton d'Arcis.

SUR LE PARCOURS.

La coutume de Troyes permettait le parcours de clocher à clocher, mais des édits de mars et d'août 1769 ayant prononcé l'abolition du droit de parcours et d'entrecours de village à village, d'une paroisse à l'autre, dans la Champagne et le Barrois, on s'y est conformé, et par conséquent le parcours d'une commune à l'autre n'a pas lieu dans le canton.

(Sur la loi du 4 Floréal an XI.)

Il n'y a sur la matière dans le canton ni règlement ni usage local.

CANTON DE CHAVANGES.

BAUX. (Art. 1736, C. N.)

Pour la location des maisons et bâtiments ruraux, il est d'usage constant de signifier congé trois mois à l'avance.

(Art. 1774.)

L'entrée en jouissance des terres labourables a ordinairement lieu le 23 avril, et la personne qui désire voir finir le bail de ses terres est obligée de signifier congé six mois à l'avance, c'est-à-dire au plus tard le 22 octobre qui précède l'expiration du bail.

(Art. 1753-1778.)

Le paiement des fermages en argent ou en nature est exigible le 11 novembre qui suit l'expiration de chaque année de jouissance; le fermier entrant qui reçoit du propriétaire les pailles et fumiers doit les laisser en totalité à sa sortie.

Le paiement des loyers des bâtiments est exigible le jour de l'expiration de chaque année de jouissance.

VIGNES. — HAIES. — BOIS-TAILLIS. (Art. 671.)

La plantation de la vigne, celle des haies et bois-taillis se fait en conservant entre la propriété du voisin une distance de 50 centimètres.

HAIES VIVES. — ARBRES A HAUTE TIGE. (Art. 671.)

Toutes les haies vives plantées sur la voie publique ont eu lieu jusqu'à présent sur la ligne séparative; souvent on rencontre des arbres à haute tige plantés dans les mêmes conditions, mais généralement les dernières plantations ont lieu à deux mètres de la propriété voisine, conformément aux dispositions de l'article 671 du Code Napoléon, et la hauteur des haies vives varie de un mètre à un mètre cinquante centimètres.

FOSSÉS.

Les fossés de clôture, sauf quelques exceptions, ont un mètre d'ouverture et soixante centimètres de profondeur. Il est d'usage de laisser, entre la face extérieure du fossé et la propriété voisine, un espace de terrain ayant une largeur égale à la profondeur du fossé; cet espace de terrain s'appelle échelage.

Dans certaines localités du canton, cet échelage n'est que de cinquante centimètres quelle que soit la profondeur du fossé.

CONSTRUCTIONS. (Art. 674.)

Les constructions susceptibles par leur nature de nuire au voisin se font toujours d'après les prescriptions de la loi et les règlements généraux de police.

GLANAGE.

Le glanage, la vaine pâture et le parcours, ont été jusqu'à présent régis par la loi des 28 septembre, 6 octobre 1791.

LABOURAGE.

Il est d'usage dans la culture du canton que les aboutissants viennent retourner en labourant sur les propriétés qui font contour, et qui ne sont ni closes ni ensemencées.

ENCLAVES.

Les propriétaires des fonds enclavés ont généralement l'habitude de passer sans indemnité sur les propriétés qui les séparent de la voie publique, quand ces propriétés ne sont pas enclavées.

VAINE PATURE.

Dans certaines communes du canton, il est d'usage de couduire les chevaux et les vaches paître dans les prés, après la première coupe et enlèvement de l'herbe.

CANTON DE MÉRY-SUR-SEINE.

BOIS. (Art. 590 et 593, C. N.)

Le canton possède des bois-taillis, des bois marsaults, des saules et des arbres de haute-futaie.

Les bois-taillis sont coupés, suivant la richesse du sol, tous les 5, 6 ou 7 ans, les marsaults le sont tous les 3 ou 4 ans.

Les tontes de saules se font également tous les 3 ou 4 ans.

Quant aux arbres de haute futaie, qui, pour la plus grande partie, consistent en peupliers mis en bordures autour des prés, il n'y a pas d'usage établi pour la coupe qui se fait au gré du propriétaire.

L'usufruitier ou l'usager ne jouit que des émondes qu'on coupe tous les 7 ou 8 ans, en laissant trois couronnes en tête.

Il n'existe pas de pépinières.

FUMURE. (Art. 601, 605, 606 et 618.)

L'usage ancien non complètement abrogé, mais tendant à l'être pour la fumure des terres, était de fumer le vingtième de l'exploitation chaque année.

L'usage nouveau pour certaines parties du canton est de fumer tous les six ans ou de fumer chaque année un sixième de l'exploitation, notamment dans les communes de Méry, Châtres, Mesgrigny, Vallant, Saint-Oulph, Etrelles, Longueville, Boulages, L'Abbaye, Plancy.

Dans les autres parties, on fume le neuvième de l'exploitation chaque année, de manière que la totalité soit fumée dans le cours de neuf ans.

PRÉS. (Art. 644 et 645.)

Il résulte de l'état statistique quinquennal, dressé en 1852, qu'il n'y a point de prairies irriguées dans le canton de Méry, d'où il suit que les art. 644 et 645 n'y reçoivent point d'application ; mais s'ils en recevaient et qu'il y eut concurrence entre plusieurs propriétaires sur la jouissance et la distribution des eaux destinées à l'irrigation des prés inférieurs, il n'est pas douteux que l'usage s'établirait en donnant à chacun en proportion de ses besoins et de la quotité de son terrain.

CLOTURES. (Art. 663.)

A défaut d'usage et de règlement existant à Méry sur la matière traitée en cet article, la loi y a tout son empire.

ARBRES. (Art. 671.)

La coutume de Troyes qui régissait quelques communes du canton de Méry, fixait à un mètre 65 centimètres ou 5 pieds la distance à observer pour la plantation des arbres de haute futaie.

Quelques plantations anciennes, mais en très petit nombre, existent encore avec cette distance.

Toutes les plantations qui se font aujourd'hui et celles qui se sont faites depuis l'établissement du Code, sont à deux mètres pour les arbres de haute futaie, à un mètre pour les saules qui sont de plus étêtés à deux mètres de hauteur et à 50 centimètres pour les autres arbres et les haies vives.

CONSTRUCTIONS. (Art. 674.)

Celui qui construit une fosse d'aisance doit établir un mur de 33 cent. d'épaisseur entre le voisin et la fosse. Il en est de même pour un âtre ou une cheminée ou forge de maréchal et pour un puits, s'il est construit tout près du voisin, c'est-à-dire que le mur du puits doit avoir 33 centimètres d'épaisseur.

Celui qui construit un four doit laisser autour un espace libre de 16 centimètres de la base au sommet.

On ne conserve aucune distance pour les étables qu'on peut établir sur la ligne séparative ainsi que les entrepreneurs l'ont pratiqué jusqu'à ce jour sans réclamation.

Le bord extérieur des cloaques, puisards, mares, trous à fumier et fossés de décharge des eaux pluviales doit être établi à un mètre 50 c. du voisin.

FOSSÉS NON MITOYENS.

Les fossés séparatifs des héritages ruraux, lorsqu'ils ne sont pas mitoyens, doivent être établis en talus, de manière que le plafond soit à une distance du voisin égale à la profondeur du fossé, et de plus on doit laisser un franc-bord de 16 centimètres au moins pour parer à l'inconvénient de l'éboulement des terres.

BAUX. (Art. 1736 et 1759.)

L'usage est de donner congé six semaines à l'avance pour un loyer annuel de 50 francs. Au-dessus de ce prix, le délai est de trois mois, excepté pourtant pour les corps de ferme où le délai est de six mois.

Le loyer des maisons se paie tous les ans à la fin de l'année de jouissance. Le paiement des fermages se fait également tous les ans de la Saint-Martin d'hiver à Noël.

(Art. 1738.)

Les dispositions de cet article sont littéralement observées.

(Art. 1753.)

L'usage de payer d'avance n'existe pas dans le canton.

(Art. 1758.)

Les locations se font pour un an.

(Art. 1754 et 1755.)

L'usage est conforme aux dispositions de la loi.

(Art. 1777.)

Il n'y a pas d'usage dans le canton, l'état des bâtiments et autres dépendances de la ferme, les circonstances, les convenances des fermiers et plus souvent encore les conditions stipulées dans les baux, établissent des conventions trop variées et trop différentes pour qu'il ait été possible d'établir un usage général qui servît de règle sûre, en cas de contestation.

La raison et la justice décident ordinairement les questions sur la matière, mais les principales prescriptions de l'article sont toujours observées.

GLANAGE. (Loi du 6 octobre 1791.)

Le glanage est réglé par des arrêtés préfectoraux. Il a lieu après l'enlèvement complet de la récolte.

VAINE PATURE.

Les usages varient suivant les communes; dans quelques-unes le nombre des moutons est limité et proportionné au nombre de terrain laissé en pâture, dans d'autres, non; dans quelques-unes, et à certaines époques, on ne peut conduire les vaches qu'à la corde; dans d'autres, elles vont en liberté.

Dans quelques communes on possédait des terrains dans lesquels les vaches allaient paître en tout temps. Depuis quelques années ces terrains ont été ou affermés et mis en culture ou mis en pré, dont la dépouille se vend tous les ans.

Le parcours public a lieu dans ces terrains, comme dans ceux appartenant à des particuliers, savoir : pour les vaches, dans les prés, après l'enlèvement de la récolte jusqu'au 15 mars, et dans les terrains mis en culture, mais non ensemencés, toute l'année.

La culture a au surplus modifié complètement les usages anciens : aucune commune ne peut conduire ses moutons sur une autre commune.

COURS D'EAU. (Loi du 14 Floréal an XI.)

Il y a dans le canton onze rivières ou ruisseaux non navigables, ni flottables, savoir :

1° Le bras naturel de la Seine entrant dans le canton à Savières et le quittant à la limite du département de la Marne.

On ne sait pas par qui se fait le curage et s'il a déjà eu lieu.

2° Le Melda, bras de la Seine, entrant dans le canton à Chauchigny et se reversant dans la Seine au-dessus de Méry.

Le curage est effectué par les riverains.

Il existe un moulin sur ce cours d'eau.

3° Le bras des moulins de Saint-Mesmin prenant naissance dans la Seine.

4° Le bras de la Seine sur lequel sont assis les moulins de Méry.

Le bras des moulins de Saint-Mesmin est curé par le meunier de Saint-Mesmin ; le bras des moulins de Méry n'a pas encore été curé, on ignore par qui doit se faire cette opération.

5° La rivière de Droupt-Ste-Marie, dite la fontaine de Rhuez où elle prend sa source.

Il existe un moulin sur cette rivière.

Le curage en est fait par le propriétaire.

Seulement comme elle se divise au-dessous de l'usine, en deux bras, dont l'un traverse le village de Droupt, ce dernier bras est curé et entretenu par la commune qu'il traverse.

6° Le ruisseau de Fontaine-St-Georges entrant dans le canton sur le territoire de Savières et joignant la Seine, près de Blive.

7° Le ruisseau de Saint-Georges, prenant sa source près du grand St-Georges et se jetant dans la Seine, près de Courlanges.

8° Le ruisseau donné par l'étang de Mesgrigny se jetant dans la rivière des moulins de Méry.

On ne sait pas si ces trois derniers ruisseaux ont jamais été curés et par qui.

9° Le ruisseau des marais de Plancy, appelé Clairotte, prenant sa source près de la ferme de la Caroline et joignant l'Aube au-dessus de Plancy.

Le curage en a été fait aux frais de M. de Plancy.

10. La rivière dite de Boulages, appelée la rivière des Anges, entrant dans le canton à Boulages et joignant l'Aube au-dessous de ce village après un parcours de 2 kilomètres environ.

11. La rivière de la Barbuise, entrant dans le canton au dessus de Bessy et se jetant dans l'Aube au-dessus de Bâchot.

Relativement à ces deux rivières, on ne sait pas par qui le curage doit être fait.

Les *ponts et aqueducs* qui existent sur ces divers cours d'eau sont à la charge de l'Etat, ou du département, ou encore à celle des communes qu'ils traversent, selon que les chemins qu'ils desservent sont des voies communales ou des routes impériales ou départementales.

Il y a le long de ces rivières peu de propriétés qui demandent à être irriguées, et *ces propriétés prises isolément* ne sont point assez considérables pour permettre de construire des travaux d'art; *en conséquence, il n'y a aucun usage établi pour la construction ou l'entretien des digues ou autres travaux d'art* destinés à favoriser l'irrigation, puisqu'il n'en existait pas.

CANTON DE RAMERUPT.

BOIS. (Art. 590, C. N.)

Il n'existe pas de forêts dans le canton de Ramerupt, et il n'y a pas d'usage constant pour l'aménagement des bois ; parmi les propriétaires du petit nombre de buissons et des parcelles de bois, les uns coupent leurs taillis à dix ans, les autres à neuf, huit, sept, six et même cinq ans, cela dépend de la bonté du sol et de la croissance plus ou moins prompte des taillis.

(Art. 593.)

L'usufruitier ayant droit de jouir des coupes ou émondes périodiques des arbres qui se trouvent sur les héritages sujets à son usufruit, tels que saules, peupliers, ormes, etc., il coupe les saules tous les trois ans, les peupliers tous les cinq à six ans, et les ormes tous les dix ans.

COURS D'EAU. (Art. 644 et 645.)

Il n'existe dans le canton de Ramerupt aucun règlement particulier ou local, sur l'usage et le cours des eaux.

CLOTURES. (Art. 663.)

Les règlements et usages particuliers dont parle cet article ne sont applicables à aucune commune du canton de Ramerupt.

ARBRES. (Art. 671.)

La coutume de Chaumont qui régissait une grande partie des communes du canton de Ramerupt, et celle de Paris qui formait le droit commun dans le silence des autres communes, ne fixaient point à quelles distances du voisin un propriétaire pouvait planter des arbres :

il a toujours été d'usage que le propriétaire qui plantait des arbres à haute tige, laissât six pieds d'intervalle entre sa plantation et l'héritage de son voisin. Les haies vives doivent se planter à un pied et demi de distance de la propriété voisine; jamais l'usage n'a varié à cet égard. Quant à la hauteur des haies vives elle ne peut excéder un mètre, et elles devront être tondues au moins une fois tous les trois ans.

CONSTRUCTIONS. (Art. 674.)

La coutume de Chaumont n'a point de dispositions sur tous les cas prévus par cet article : l'usage a toujours été de se référer aux dispositions de la coutume de Paris qui, au titre des servitudes, entre dans un détail très-circonstancié des différentes distances et des différents ouvrages qu'on doit faire et observer lorsqu'on veut construire un mur mitoyen ou non mitoyen attenant à l'héritage de son voisin. Il paraît suffisant d'observer ici que l'article 190 de ladite coutume porte :

« *Qui veut faire forge, four ou fourneau contre le mur mitoyen, doit* « *laisser demi-pied de vide et intervalle entre-deux du mur, du four ou* « *forge, et doit être ledit mur d'un pied d'épaisseur.* »

BAUX. (Art. 1736.)

L'usage dans toutes les communes du canton de Ramerupt est que les congés soient signifiés savoir : trois mois, lorsqu'il s'agit de bail d'une maison fait pour une année, six semaines pour un bail fait pour six mois, et huit jours pour un bail fait pour un mois.

(Art. 1754.)

Les réparations dites locatives sont dans le canton de Ramerupt absolument les mêmes que celles qui sont détaillées dans l'article 1754 dudit Code, et cependant on doit ajouter qu'indépendamment desdites réparations le locataire d'une maison, portion de maison ou appartement, est encore tenu du ramonage des cheminées, s'il n'y a convention contraire dans le bail.

Les réparations des toits en paille se faisant partiellement et par grandes pièces, les locataires des maisons n'en sont pas tenus à raison de la courte durée des baux ; il en est autrement de l'usufruitier qui, d'après l'usage, doit faire ces réparations partiellement et annuellement, ou au moins tous les deux ans comme charge de l'usufruit.

(Art. 1758 et 1759.)

Les observations faites sur l'article 1736 doivent s'appliquer aux articles 1758, 1759, et il paraît superflu de se répéter.

(Art. 1777.)

Les dispositions contenues en l'article 1777 n'ont apporté aucune modification à l'ancien usage.

PARCOURS. (Loi du 6 octobre 1791.)

La servitude de parcours a été supprimée dans la province de Champagne par un ancien édit, à raison des difficultés qu'elle faisait naître. C'est l'autorité municipale qui fixe l'époque où la vaine pâture peut librement s'exercer.

FOSSÉS.

La Commission croit devoir ajouter qu'un fossé ne doit pas être creusé par un propriétaire sur la limite extrême de sa propriété; d'après l'usage il doit être laissé à côté de l'héritage du voisin une distance égale à la moitié de la profondeur du fossé qui, dans tous les cas, doit être fait en talus.

ARRONDISSEMENT DE BAR-SUR-AUBE.

CANTON DE BAR-SUR-AUBE.

DE L'USUFRUIT. — BOIS ET FORÊTS. (Art. 590, C. N.)

Aux termes de cet article l'usufruitier d'un bois-taillis est tenu d'observer l'ordre et la quotité des coupes, conformément à l'aménagement et à l'usage constant des propriétaires.

QUESTION. — Quel est l'aménagement ou l'usage suivi par les propriétaires pour l'exploitation des bois-taillis ?

RÉPONSE. — Généralement les propriétaires exploitent les bois-taillis à l'âge de 18 à 20 et 22 ans ; ils laissent, par chaque hectare de 80 à 100 baliveaux, de 30 à 40 modernes et de 3 à 6 anciens.

Q. Aux termes du même article, les arbres qu'on peut tirer d'une pépinière, sans la dégrader, ne font partie de l'usufruit qu'à charge par l'usufruitier de se conformer aux usages des lieux pour le remplacement. Y a-t-il un usage pour ce cas ?

R. Il n'y a dans le canton aucune pépinière de la nature mentionnée dans cet article, par conséquent point d'usage.

(Art. 593.)

Aux termes de cet article l'usufruitier peut prendre dans les bois des échalas pour les vignes et sur les arbres des produits annuels ou périodiques, le tout suivant l'usage du pays ou la coutume des propriétaires.

Q. Que se pratique-t-il à cet égard dans le canton?

R. L'usufruitier ne prend pas d'échalas pour ses vignes. En ce qui concerne les produits annuels ou périodiques des arbres, ils consistent dans l'élagage ou la tonte des saules et des peupliers.

Cette opération se fait le plus généralement tous les quatre ans, quelquefois tous les trois ans. Elle commence au mois de novembre et dure jusqu'au mois de mars. Les cultivateurs qui ont des troupeaux de moutons élaguent les peupliers tous les deux ou trois ans, vers le mois de septembre pour avoir la feuille et s'en servir comme fourrage à donner l'hiver.

CHARGES DE L'USUFRUIT (Art. 608.)

Cet article oblige l'usufruitier à toutes les charges annuelles de l'héritage et à celles qui, *dans l'usage*, sont chargées des fruits.

Q. Quelles sont-elles ?

R. Il n'existe aucun usage particulier dans le canton.

DES SERVITUDES. — EAUX COURANTES. (Art. 645.)

Cet article dispose que, dans les contestations sur l'usage des eaux courantes, les tribunaux doivent observer les règlements particuliers et locaux sur le cours et l'usage de ces eaux.

Q. Existe-t-il dans le canton des règlements de cette nature ?

R. La plupart des usines situées sur le cours de l'Aube ont donné lieu à des règlements particuliers déterminant soit le niveau, soit l'usage des eaux.

Q. La loi du 14 floréal an XI, relative au curage des canaux et rivières non navigables, renvoie pour cet objet aux anciens règlements et aux usages locaux. En existe-il ?

R. Il est d'usage ici que le curage se fasse par les propriétaires riverains ; il existe pour certains cours d'eau des règlements conformes à cet usage.

CLOTURES. (Art. 663.)

Suivant cet article, la hauteur des clôtures dans les villes est fixée, suivant les règlements particuliers ou les usages constants et reconnus, et à leur défaut, il détermine cette hauteur.

Q. Existe-t-il dans le canton des règlements en usage à cet égard ?

R. Il n'en existe aucun : on se conforme aux prescriptions de la loi.

FOSSÉS. (Art. 666.)

C'est ici que se présente la question de savoir si celui qui creuse un fossé sur son terrain doit laisser un espace entre le talus de ce fossé et la propriété contiguë.

Le Code Napoléon ne renvoie pas aux usages locaux à cet égard, cependant on admet généralement dans le canton que celui qui creuse un fossé doit laisser un espace plus ou moins large suivant sa profondeur et la nature du terrain.

PLANTATIONS. — DISTANCES. (Art. 671.)

Cet article détermine les distances à observer pour les plantations d'arbres à haute tige, pour le cas où il n'existerait pas de règlements ou d'usages constants et reconnus.

Q. En existe-t-il dans le canton ?

R. Non. On observe les distances prescrites par cet article, tant pour les arbres de haute tige, que pour les autres arbres et haies vives.

Cependant, à Lignol, le peuplier et le noyer se plantent à trois mètres.

L'osier se plante à 0 m. 50 c. ; à Engente, à 1 mètre le long d'un champ.

La vigne se plante à 0 m. 16 c. (6 pouces) sur le côté, au pied et au chevet on laisse 1 mètre ou le plus souvent 0 m. 50 c. A Engente on la plante à 0 m. 50 c. le long d'un champ ; on observe la même distance au pied et au chevet. Dans la même commune, si l'on plante du bois le long d'un autre bois, on se retire à 0 m. 50 c. de la ligne séparative. Si c'est le long d'un champ, on laisse 2 mètres.

CONSTRUCTIONS. — DISTANCES. (Art. 674.)

Cet article renvoie aux règlements et usages en ce qui concerne les distances à observer et les ouvrages intermédiaires requis pour certaines constructions.

Q. Existe-t-il des règlements et usages relatifs à ces objets?

R. Non : on suit Desgodets. (*Lois des Bâtiments.*)

VENTE DE DENRÉES. (Art. 1135 et 1160.)

Aux termes de ces articles, les conventions obligent non seulement à ce qui y est exprimé, mais encore à toutes les suites que l'équité, l'usage ou la loi donnent à l'obligation d'après sa nature, et on doit suppléer dans les contrats les clauses qui y sont d'usage, quoiqu'elles n'y soient pas exprimées.

Ces dispositions peuvent s'appliquer aux choses qui se vendent au poids, à la mesure, ou à la douzaine, et pour lesquelles on est dans l'habitude de délivrer en sus une quantité déterminée.

A Bar-sur-Aube, sur le marché aux grains, on est dans l'habitude de racler au-dessus du fer en mesurant le grain, ce qui donne à l'acheteur un excédant de mesure équivalent à 4 doubles décalitres par cent. Les vendeurs ont fait, jusqu'à ce jour, de vains efforts pour abolir cet usage.

Dans la vente des fruits on en donne treize pour la douzaine.

BAUX. — CONGÉS. (Art. 1736.)

Q. Quels sont les délais pour donner congé?

R. Il n'existe dans le canton aucun usage à cet égard, ni pour les maisons entières, ni pour les portions de maisons, ni pour les boutiques et magasins. Le bail se fait pour un an. On loue aussi au mois. Il n'y a aucune époque fixe pour les locations; on entre dans les lieux loués au jour convenu, et on sort, s'il y a un congé donné, à l'époque originairement convenue.

Il n'y a pas, comme à Paris, de jours de grâce pour la sortie et pour faire les réparations locatives qui sont celles désignées par l'article 1754.

Il n'y a aucun usage local pour les appartements meublés.

(Art. 1775.)

Le bail des terres labourables, fait sans écrit, est censé fait pour trois ans; celui des chenevières, des jardins et des prés, est censé fait pour un an. Il commence à la Saint-Martin.

(Art. 1777.)

Le bail des terres commmence à la Saint-Georges (23 avril) et finit à la même époque. Le fermier sortant sème et récolte les blés et les menus grains. Celui qui entre sombre les terres et récolte les prés; celui qui sort doit lui laisser une partie du logement.

LOUAGE D'OUVRAGE ET D'INDUSTRIE. (Art. 1779.)

Q. Existe-t-il quelqu'usage particulier pour gager les domestiques, ouvriers de moissons et autres auxiliaires salariés des cultivateurs?

R. Les domestiques pour la culture se louent pour une année entière à la Saint-Martin, ou pour des travaux déterminés tels que les labours, la moisson, etc.

Les moissonneurs sont payés à l'hectare en argent ou en grain, payable à la Saint-Martin en donnant des à-comptes pour attendre cette époque. Les prés naturels ou artificiels sont fauchés à tant par hectare. On fait prix avec les faucheurs ou avec d'autres ouvriers ou ouvrières pour le fanage.

Les bergers se louent pour l'année à la Saint-Martin.

Les vignes sont cultivées moyennant un certain prix par *homme* (2 ares 63 centiares). Les façons comprennent : le dépaisselage, l'aiguisage des paisseaux, la taille, trois labours, l'accolage, etc.

Code rural du 6 octobre 1791.

PARCOURS. — VAINE PATURE. — SURMARCHE DES CHAMPS.

Q. La servitude de parcours et le droit de vaine pâture qui étaient établis par les art. 103 et 104 de la coutume de Chaumont, et par les art. 169 et 170 de celle de Troyes qui régissaient ce canton, ont été maintenus par les articles ci-dessus relatés du Code rural.

Le parcours ne s'exerce plus ; on lit dans le répertoire de Merlin v°, *Vaine pâture*, p. 394, que le parcours a été aboli dans toute la province de Champagne quelques années avant 1779. Il n'en est pas de même de la vaine pâture. Cependant en ce qui concerne les prés on en voit beaucoup qui sont respectés, quoique dépourvus de clôture, par suite d'une sorte d'accord entre les propriétaires qui font paître leurs prés par leurs bestiaux après avoir laissé pousser le regain ou l'avoir récolté. Quant à ceux qui ne possèdent ou n'exploitent pas de terres et auxquels l'art. 14 de la loi du 6 octobre 1791 permet de conduire en vaine pâture un certain nombre de bestiaux, ils sont très-peu nombreux dans ce canton et paraissent avoir renoncé au bénéfice de cette disposition, peut-être par suite de l'intimidation que les propriétaires exercent sur eux à cet égard.

Q. L'art. 10 n'autorise la vaine pâture dans les prés que dans les temps autorisés par les lois et coutumes. Quelles sont ces lois et coutumes?

R. Il n'y a pas d'autre usage que celui de faire pâturer après l'enlèvement de la première herbe.

Q. Aux termes de l'art. 13, la quantité de bétail à mettre en vaine pâture est fixée d'après les règlements et usages locaux. Quels sont-ils ?

R. Il n'y a pas d'usage, mais il existe des règlements pour quelques communes.

Q. L'art. 6, même loi, répute clos les héritages entourés d'une haie, clôture, ou de toute autre en usage dans chaque localité. Y a-t-il un usage à cet égard dans le canton ?

R. Non.

Q. Quel est l'usage suivi relativement à la surmarche des champs lors des labours ?

R. Très-anciennement chaque propriétaire laissait à l'extrémité de son champ un espace de terrain sans le cultiver, sur lequel tournaient les chevaux et les charrues. Depuis que les terres ont augmenté de valeur, ces espaces qui servaient aussi à l'extraction des récoltes ont été cultivés, mais chacun a continué de tourner sur son voisin. Celui qui sème son champ le dernier répand un peu de semence sur celui de son voisin, s'il l'a trop surmarché, et au moment de la récolte, si cette partie du champ est moins bien venue, il l'indemnise en lui donnant une certaine quantité de javelles ou de gerbes. Il en est de même lorsque l'un des champs fait tournière. Cet usage n'est pas obligatoire : il résulte d'un accord tacite entre les cultivateurs qui peuvent s'en affranchir.

BANS DE VENDANGES OU AUTRES.

Titre I, section V, art. 1, loi du 6 octobre 1791. — 475, n° 1er, Code pénal.

Q. Le conseil municipal de la commune est autorisé par la loi de 1791 à faire chaque année un règlement dans les pays où le ban des vendanges est en usage, et le Code pénal punit l'infraction à ce réglement. Est-on dans l'usage d'en publier dans ce canton ?

R. On en publie dans quelques communes ; à Bar-sur-Aube, il n'en a pas été publié depuis 1835. On ne publie pas de bans de moisson ni de fauchaison.

Code pénal, art. 479, nos 4 et 11.

Q. Cet article punit ceux qui ont occasionné la mort ou la blessure d'animaux..... sans les précautions ou signaux ordonnés ou d'usage. Quels sont ces usages ?

R. L'éclairage des matériaux pendant la nuit, une barrière entourant les excavations, deux lattes en croix appendues à une corde lorsque les couvreurs font des réparations aux toitures.

Q. Le n° 11 du même article punit l'enlèvement, sans autorisation, de terres, pierres, gazons dans les chemins ou lieux appartenant aux communes, à moins d'un usage général qui l'autorise. Cet usage existe-t-il dans le canton?

R. Non. Quand des enlèvements ont lieu sans autorisation, ils sont réprimés.

Il n'existe pas de pierriers communs où chacun va déposer les pierres enlevées de son héritage; si on en dépose sur les friches communales, c'est par tolérance.

PARTAGE DES AFFOUAGES. — (Code forestier, art. 105.)

Q. Quel est l'usage pour le partage des affouages?

R. On partage par feu ou ménage. Cependant, dans quelques communes, lorsqu'un veuf ou une veuve habitent avec leurs enfants, on ne leur donne qu'une demi-part.

Il en est où l'on donne une demi-part aux nouveaux mariés; dans d'autres ils n'ont de part qu'au partage qui suit leur mariage. Quelques communes exigent un domicile d'une année antérieure à la confection du rôle d'affouage. D'autres exigent un temps moins long.

Les célibataires, garçons ou filles, ayant leur ménage séparé de leurs parents, n'ont, dans certaines communes, qu'une demi-part.

Ce mode de distribution n'est fondé sur aucune délibération ou usage anciens.

La futaie se partage de la même manière que le taillis et avec les mêmes conditions.

On n'est pas dans l'usage de délivrer des arbres destinés aux constructions ou réparations des maisons d'habitation.

CANTON DE BRIENNE-NAPOLÉON.

DES DROITS DE L'USUFRUITIER. (Art. 590, C. N.)

Si l'usufruit comprend des bois-taillis, l'usufruitier est tenu d'observer l'ordre et la qualité des coupes, conformément à l'aménagement ou à l'usage constant des propriétaires, sans indemnité toutefois en faveur de l'usufruitier ou de ses héritiers, pour les coupes ordinaires soit de taillis, soit de baliveaux, soit de futaie, qu'il n'aurait pas faites pendant sa jouissance.

Les arbres qu'on peut tirer d'une pépinière sans la dégrader, ne font aussi partie de l'usufruit qu'à la charge par l'usufruitier de se conformer aux usages des lieux pour le remplacement.

Il n'y a point d'usage constant parmi les propriétaires pour l'aménagement de leurs bois et forêts, les uns coupent leurs taillis à quinze ans, les autres à dix-huit ou vingt ans, et quelquefois à vingt-cinq ans, cela dépend de la bonté du sol et de la croissance plus ou moins prompte du taillis et des arbres.

Il n'y a pas non plus d'usage pour la coupe des taillis des jeunes bois, des bois blancs, des accrues, les uns coupent à huit ans, les autres à dix ans, et même à douze ans, cela dépend aussi des terrains et des essences.

A l'égard des arbres des pépinières, il n'existe aucun usage à ce sujet.

(Art. 593.)

L'usufruitier peut prendre dans les bois des échalas pour les vignes; il peut aussi prendre sur les arbres des produits annuels ou périodiques, le tout suivant l'usage du pays ou la coutume des propriétaires.

Il n'existe aucun usage à l'égard des échalas.

La coutume des propriétaires est d'élaguer les saules à tête tous les trois ou quatre ans, et les peupliers, les saules à haute futaie, les ormes et les frênes, tous les cinq à six ans; l'élagage se fait dans les mois de février et mars, à moins qu'on ne veuille faire de la feuille, dans ce cas on élague dans les mois de septembre et octobre.

DES OBLIGATIONS QUI CONCERNENT LES EAUX. (Art. 644.)

Celui dont la propriété borde une eau courante, autre que celle qui est déclarée dépendante du domaine public par l'article 538 au titre de la distinction des biens, peut s'en servir à son passage pour l'irrigation de ses propriétés.

Celui dont cette eau traverse l'héritage peut même en user dans l'intervalle qu'elle y parcourt, mais à la charge de la rendre à la sortie de ses fonds à son cours ordinaire.

(Art. 645.)

S'il s'élève une contestation entre les propriétaires auxquels ces eaux peuvent être utiles, les tribunaux, en prononçant, doivent concilier l'intérêt de l'agriculture avec le respect dû à la propriété, et, dans tous les cas, les règlements particuliers et locaux sur le cours et l'usage des eaux doivent être observés.

Les propriétaires ne se servent ni n'usent des eaux s'il n'existe aucuns règlements particuliers et locaux.

Art. 1er de la loi du 14 floréal an XI.

« Il sera pourvu au curage des canaux et rivières non navigables, et à l'entretien des digues et ouvrages d'art qui y correspondent de la manière prescrite par les anciens règlements, ou d'après les usages locaux. »

Il n'existe au sujet du curage des canaux et rivières non navigables ni anciens règlements ni usages locaux.

DE LA CLOTURE. (Art. 647. C. N.)

Tout propriétaire peut clore son héritage, sauf l'exception portée en l'art. 682.

Art. 6 de la section IV du titre 1er de la loi du 6 octobre 1791.

L'héritage sera réputé clos lorsqu'il sera entouré d'un mur de quatre pieds de hauteur, avec barrière ou porte, ou lorsqu'il sera exactement fermé et entouré de palissades ou de treillages, ou d'une haie vive, ou d'une haie sèche, ou de toute autre manière de faire des haies en usage dans chaque localité, ou enfin d'un fossé de quatre pieds de large au moins à l'ouverture et de deux pieds de profondeur.

Il est aussi d'usage de faire des clôtures avec des pieux et un double rang de lisses qu'on incruste dans les pieux ou qu'on attache après.

DES MURS MITOYENS. (Art. 663. C. N.)

Chacun peut contraindre son voisin, dans les villes et faubourgs, à contribuer aux constructions et réparations de la clôture faisant séparation de leurs maisons, cours et jardins assis ès-dites villes et faubourgs; la hauteur de la clôture sera fixée suivant les règlements particuliers ou les usages constants et reconnus, et à défaut d'usages et règlements, tout mur de séparation entre voisins qui sera construit ou rétabli à l'avenir, doit avoir au moins 32 décimètres (10 pieds) de hauteur, compris le chaperon, dans les villes de cinquante mille âmes et au-dessus, et de 26 décimètres (8 pieds) dans les autres.

La disposition contenue en cet article n'est applicable à aucune des localités du canton.

La maxime : *Ne se clot qui ne veut*, y est généralement admise.

C'est à celui qui veut se clore à le faire à ses dépens et à établir sa clôture sur son terrain.

DES FOSSÉS. (Art. 666.)

Tous fossés entre deux héritages sont présumés mitoyens, s'il n'y a titre ou marque contraire.

Celui qui veut faire un fossé pour son intérêt exclusif doit en prendre toute la largeur sur son terrain. L'expérience a appris que, dans les terrains les plus solides, quelle que soit la largeur du talus, les berges du fossé éprouvent un éboulement par le laps de temps et surtout par la chute des pluies et les gelées ; pour ne pas occasionner d'éboulement à l'héritage voisin, il faut que le talus soit proportionné à la profondeur du fossé et à la nature du terrain ; et il est d'usage dans un grand nombre de localités de laisser entre le haut du fossé et l'héritage voisin un espace de 33 à 50 centimètres, suivant la nature de l'héritage voisin ; cet usage tend à s'établir dans les autres localités.

DES ARBRES ET DES HAIES. (Art. 671.)

Il n'est permis de planter des arbres à haute tige qu'à la distance prescrite par les règlements particuliers actuellement existants, ou par les usages constants et reconnus ; et, à défaut de règlements et usages, qu'à la distance de deux mètres de la ligne séparative des deux héritages pour les arbres à haute tige, et à la distance d'un demi-mètre pour les autres arbres et les haies vives.

On plantait anciennement les arbres à haute tige à cinq pieds de distance de l'héritage voisin, et les haies vives à trois pieds ; puis on les a plantés à deux pieds et demi, à deux pieds, et enfin à un pied et demi.

Depuis la promulgation du Code Napoléon, on plante les arbres aux distances qu'il prescrit : de deux mètres pour les arbres à haute tige, et d'un demi-mètre pour les autres arbres.

On continue de planter les haies vives à un pied et demi ou un demi-mètre, et de le faire en épine blanche ou autres essences à basse tige qui ne produisent pas de rejets ; on les élague et on les réduit à la hauteur d'un mètre cinquante centimètres à deux mètres.

On a toujours considéré les saules à tête comme étant, par leur essence, un arbre à haute tige et pouvant causer par ses racines et par les branches autant de dommage à l'héritage voisin qu'un arbre à haute tige, et il est d'usage de planter les saules à tête comme les arbres à haute tige à deux mètres.

La vigne, comme arbuste, se plante à un demi-mètre de l'héritage voisin ; mais lorsque deux propriétaires plantent en même temps en vigne leurs terrains contigus, ils ne laissent entre les ceps et la ligne séparative de leurs terrains que 25 centimètres.

L'usage à Brienne-Napoléon et dans d'autres localités, est de planter les espaliers près d'un mur mitoyen ou non, de 16 à 17 centimètres de distance de ce mur.

Les haies sèches et les palissades s'établissent sur la ligne de séparation de l'héritage voisin sans observer aucune distance.

DE LA DISTANCE ET DES OUVRAGES INTERMÉDIAIRES REQUIS POUR CERTAINES CONSTRUCTIONS. (Art 674.)

Celui qui fait creuser un puits ou une fosse d'aisances près d'un mur mitoyen ou non ;

Celui qui veut y construire cheminée ou âtre, forge, four ou fourneau ; y adosser une étable ;

Ou établir contre ce mur un magasin de sel ou amas de matières corrosives ;

Est obligé à laisser la distance prescrite par les règlements et usages particuliers sur ces objets, ou à faire les ouvrages prescrits par les mêmes règlements et usages, pour éviter de nuire au voisin.

D'après la coutume de Paris qui forme le droit commun d'une grande partie de la France ;

Celui qui fait creuser un puits ou une fosse d'aisances contre un mur mitoyen doit faire un contre-mur de 33 centimètres (1 pied) d'épaisseur ; s'il y a puits d'un côté et fosse d'aisances de l'autre, il suffit de 1 mètre 30 centimètres (4 pieds) de maçonnerie d'épaisseur entre les deux, compris les épaisseurs des murs de part et d'autre ; entre deux puits, il suffit de 1 mètre (3 pieds).

Celui qui veut y construire cheminée ou âtre, doit faire un contre-mur en tuilots ou autre chose suffisante de 16 centimètres et demi (un demi-pied) d'épaisseur ; si c'est une forge, un four ou un fourneau, il doit faire un contre-mur de 33 centimètres (un pied) d'épaisseur et laisser entre le mur et le contre-mur un intervalle vide de 16 centimètres et demi (un demi-pied).

Celui qui veut y adosser une étable doit faire un contre-mur de 22 centimètres (8 pouces) d'épaisseur, de hauteur jusqu'au rez de la mangeoire.

Celui qui a place, jardin ou autre lieu vide, qui joint immédiatement au mur d'autrui ou au mur mitoyen, s'il veut faire labourer et fumer, il est tenu de faire un contre-mur de 16 centimètres et demi (demi-pied) d'épaisseur ; et s'il a des terres jachères, il est tenu de faire un contre-mur de 33 centimètres (un pied) d'épaisseur.

La plupart des constructions énoncées en l'article 674 se font à des distances qui ne sont déterminées ni par les coutumes ni par l'usage des lieux, mais qui sont suffisantes pour ne pas nuire au voisin, et lorsqu'il s'en fait près d'un mur mitoyen ou non, ou de l'héritage voisin, celui qui les établit est obligé de faire les ouvrages nécessaires pour garantir le voisin de tous préjudices ; ces ouvrages sont ordinairement convenus avec le propriétaire de l'héritage voisin ou fixés amiablement par des experts en prenant pour règle les indications ci-dessus de la coutume de Paris.

DE L'ÉGOUT DES TOITS. — DE L'ÉCHELAGE ET DU TOUR D'ÉCHELLE.

(Art. 681.)

Tout propriétaire doit établir ses toits de manière que les eaux pluviales s'écoulent sur son terrain ou sur la voie publique : il ne peut les faire verser sur le fonds de son voisin.

Celui qui construit un bâtiment dont l'égoût sera du côté de l'héritage voisin, doit laisser au-delà de son mur un espace suffisant pour recevoir les eaux de ses toits afin qu'elles ne tombent pas immédiatement sur l'héritage limitrophe : Pardessus, Fournel et Perrin, pensent que cet espace doit être déterminé par l'usage des lieux ou par experts : il n'existe pas encore dans le canton d'usage à ce sujet, l'espace à laisser est presque toujours fixé amiablement avec le propriétaire de l'héritage voisin ; à défaut, il l'est par des experts ; sa largeur est ordinairement depuis le mur jusqu'à (suivant qu'il tombe plus ou moins d'eau), 12 à 16 centimètres au-delà de la ligne d'aplomb de la gouttière.

Lorsque le titre établissant la propriété de l'échelage et celui constitutif de la servitude du tour d'échelle n'établissent pas la largeur du terrain d'échelage et celui assujéti au tour d'échelle, l'usage est de donner à l'échelage comme au tour d'échelle une largeur d'un mètre (3 pieds).

DE LA VAINE PATURE ET DU PARCOURS. (Loi du 6 octobre 1791. Titre 1er, section IV.)

(Art. 3.)

« Le droit de vaine pâture dans une commune, accompagné ou non de la servitude du parcours, ne pourra exister que dans les lieux où il est fondé sur un titre particulier ou autorisé par la loi ou par un usage local immémorial, et à la charge que la vaine pâture n'y sera exercée que conformément aux règles et usages locaux qui ne contrarieront point les réserves portées dans les articles suivants de la présente section. »

(Art. 10.)

« Partout où les prairies naturelles sont sujettes au parcours ou à la vaine pâture, ils n'auront lieu provisoirement que dans le temps autorisé par les lois et coutumes, et jamais, tant que la première herbe ne sera pas récoltée. »

Le droit de vaine pâture dans le canton est autorisé par un usage local immémorial.

Il s'exerce sur les terres lorsque les récoltes ont été coupées et qu'elles ne portent ni semences ni fruits : sur les prairies naturelles qui ne produisent pas de regains, après la récolte de l'herbe, et sur celles qui en produisent après la récolte de la seconde herbe ou au moins depuis le 15 octobre et jusques, pour les uns et les autres, aux époques fixées par les règlements des conseils municipaux sur l'exercice de la vaine pâture, et à défaut de règlements jusqu'au premier mars, conformément à la coutume de Chaumont.

Le droit de vaine pâture s'exerce aussi sur les terres vacantes non labourées ni cultivées et sur les chemins; mais il ne s'exerce pas sur les héritages qui sont clos de la manière déterminée en l'art. 6, lesquels ne sont pas assujétis à ce droit conformément à l'art. 5 de la IVe section du titre 1er de la loi du 6 octobre 1791. D'après l'art. 22 du titre 2 de la même loi, les pâtres et les bergers ne peuvent mener les troupeaux d'aucune espèce dans les champs moissonnés et ouverts que deux jours après la récolte entière.

(Art. 12.)

« Dans les pays de parcours et de vaine pâture soumis à l'usage du troupeau en commun, tout propriétaire ou fermier pourra renoncer à cette communauté et faire garder, par troupeau séparé, un nombre de têtes de bétail proportionné à l'étendue des terres qu'il exploite dans sa commune. »

(Art. 13.)

« La quantité de bétail, proportionnellement à l'étendue du terrain, sera fixée, dans chaque commune, à tant de bêtes par arpent, d'après les règlements et usages locaux, et à défaut de documents positifs à cet égard, il y sera pourvu par le conseil général de la commune. »

Il n'existe aucun usage local reconnu sur la quantité de bétail proportionnellement à l'étendue du terrain; dans presque toutes les communes du canton, la quantité de bétail que tout propriétaire ou fermier peut mettre au troupeau commun ou faire garder par troupeau séparé, est fixée par des règlements des conseils municipaux; dans les communes où il n'existe pas de règlement, les propriétaires ou fermiers envoient à la vaine pâture la quantité de bétail que bon leur semble.

(Art. 14.)

« Néanmoins, tout chef de famille domicilié qui ne sera ni propriétaire ni fermier d'aucun des terrains sujets au parcours ou à la vaine pâture, et le propriétaire ou fermier à qui la modicité de son exploitation n'assurerait pas l'avantage qui va être déterminé, pourront mettre sur lesdits terrains, soit par troupeau séparé, soit en troupeau commun, jusqu'au nombre de six bêtes à laine et d'une vache avec son veau, sans préjudicier aux droits desdites personnes sur les terres communales, s'il y en a dans la commune, et sans entendre rien innover aux lois, coutumes ou usages locaux, et de temps immémorial qui leur accorderaient un plus grand avantage. »

Il n'existe pas de coutumes ni usages locaux qui accordent un plus grand avantage aux chefs de famille.

DU GLANAGE, DU RATELAGE ET DU GRAPILLAGE. (Loi du 6 octobre 1791, titre 2, art. 21.)

« Les glaneurs, les rateleurs et les grapilleurs dans les lieux où les usages de glaner, rateler ou grapiller sont reçus, n'entreront dans les champs, prés et vignes récoltés et ouverts qu'après l'enlèvement entier des fruits.

« Le glanage, le ratelage et le grapillage sont interdits dans tout enclos rural, tel qu'il est défini à l'article 6 de la 4e section du titre 1er. »

Les usages de glaner, de rateler et de grapiller sont reçus dans tout le canton à la charge par les glaneurs, les rateleurs et grapilleurs, de se conformer aux lois et règlements établis à ce sujet.

DES BANS DE VENDANGE. (Loi du 6 octobre 1791, titre 1er, section V, art. 2.)

« Chaque propriétaire sera libre de faire sa récolte de quelque nature qu'elle soit, avec tout instrument et au moment qui lui conviendra, pourvu qu'il ne cause aucun dommage aux propriétaires voisins. Cependant, dans les pays où le ban de vendange est en usage, il pourra être fait à cet égard un règlement chaque année par le conseil général de la commune, mais seulement pour les vignes non closes. Les réclamations qui pourraient être faites contre ce règlement seront portées au directoire du département, qui y statuera sur l'avis du directoire du district (préfet et sous-préfet). »

Les bans de vendanges sont en usage dans le canton ; cependant, depuis quelques années, il n'en est plus établi dans quelques communes.

DES CONTRATS OU OBLIGATIONS. (Art. 1135, C. N.)

« Les conventions obligent non-seulement à ce qui y est exprimé, mais encore à toutes les suites que l'équité, l'usagé ou la loi donnent à l'obligation, d'après sa nature. »

(Art. 1159.)

« Tout ce qui est ambigu s'interprète par ce qui est d'usage dans le pays où le contrat est passé. »

(Art. 1160.)

« On doit suppléer dans le contrat les clauses qui y sont d'usage, quoiqu'elles n'y soient point exprimées. »

Ces dispositions peuvent s'appliquer principalement aux choses qui se vendent au poids, à la douzaine ou au cent, et pour lesquelles on est dans l'habitude de délivrer en sus une quantité ou un nombre déterminé par chaque douzaine ou chaque centaine vendue.

Il est d'usage dans la vente du foin et de la paille, que le vendeur donne les quatre au cent par chaque centaine vendue et dont il opère la livraison.

DU CONTRAT DE LOUAGE.

Dispositions générales.

(Art. 1709.)

« Le louage des choses est un contrat par lequel l'une des parties s'oblige à faire jouir l'autre d'une chose pendant un certain temps et moyennant un certain prix que celle-ci s'oblige de lui payer. »

Il est des choses dont le prix de location est fixé par l'usage ; il n'en est pas dans le canton dont le prix de location soit ainsi fixé.

DES RÈGLES COMMUNES AUX BAUX DES MAISONS ET DES BIENS RURAUX. (Art. 1728.)

Le preneur est tenu de deux obligations principales :

« 1° ....

« 2° De payer le prix du bail aux termes convenus. »

Si les termes n'avaient pas été fixés par le bail, on devra s'en rapporter aux usages locaux : dans le canton, l'usage est de payer le prix du bail des biens ruraux du 11 novembre au 25 décembre, et celui des maisons à l'expiration de l'année.

(Art. 1736.)

« Si le bail a été fait sans écrit, l'une des parties ne pourra donner congé à l'autre qu'en observant les délais fixés par l'usage des lieux. »

L'usage est que les congés soient signifiés, savoir :

Trois mois d'avance lorsqu'il s'agit du bail d'héritages ruraux avec ou sans bâtiments d'exploitation, d'une maison entière et d'une usine,

Et six semaines pour une simple chambre ou appartement.

Les trois mois ou les six semaines ne doivent prendre date utile et courir, pour les baux des héritages ruraux, que du terme du 23 avril, époque ordinaire de l'entrée en jouissance de ces biens ; et pour les baux des maisons et de simples chambres, autant que possible, que des termes des 23 avril et 11 novembre, époques généralement admises pour les locations des maisons et simples chambres.

(Art. 1744.)

« S'il a été convenu, lors du bail, qu'en cas de vente l'acquéreur pourra expulser le fermier ou le locataire et qu'il n'ait été fait aucune stipulation sur les dommages-intérêts, le bailleur est tenu d'indemniser le fermier ou locataire de la manière suivante :

(Art. 1745.)

« S'il s'agit d'une maison, appartement ou boutique, le bailleur paie, à titre de dommages-intérêts, au locataire évincé, une somme égale au prix du loyer pendant le temps qui, suivant l'usage des lieux, est accordé entre le congé et la sortie. »

Ainsi, conformément à l'usage sur les congés énoncés à la suite de l'art. 1736, les dommages-intérêts seraient du quart du prix du loyer pour une maison entière et du huitième pour une simple chambre ou appartement.

(Art. 1748.)

« L'acquéreur qui veut user de la faculté réservée par le bail d'expulser le fermier ou locataire, en cas de vente, est, en outre, tenu d'avertir le locataire au temps d'avance usité dans le lieu pour les congés. »

Conformément à l'usage sur les congés énoncé à la suite de l'art. 1736, ce temps est de trois mois pour le locataire d'une maison entière, et de six semaines pour le locataire d'une simple chambre ou appartement.

DES RÈGLES PARTICULIÈRES AUX BAUX A LOYER.

(Art. 1753.)

« Le sous-locataire n'est tenu envers le propriétaire que jusqu'à concurrence du prix de sa sous-location, dont il peut être débiteur au moment de la saisie, sans qu'il puisse opposer des paiements faits par anticipation. »

« Les paiements faits par le sous-locataire, soit en vertu d'une stipulation portée en son bail, soit en conséquence de l'usage des lieux, ne sont pas réputés faits par anticipation. »

Il n'existe aucun usage sur les paiements du prix des sous-locations.

(Art. 1754.)

« Les réparations locatives ou de menu entretien dont le locataire est tenu, s'il n'y a clause contraire, sont celles désignées comme telles par l'usage des lieux, et entr'autres, les réparations à faire :

« Aux âtres, contre-cœurs, chambranles et tablettes des cheminées ;

« Au récrépiment du bas des murailles des appartements et autres lieux d'habitation, à la hauteur d'un mètre,

« Aux pavés et carreaux des chambres, lorsqu'il y en a seulement quelques-uns de cassés,

« Aux vitres, à moins qu'elles ne soient cassées par la grêle ou autres accidents extraordinaires et de force majeure dont le locataire n'est pas tenu,

« Aux portes, croisées, planches de cloison ou de fermeture de boutiques, gonds, targettes et serrures. »

A ces réparations locatives on doit ajouter celles ci-après désignées par l'usage des lieux, savoir :

Le ramonage des cheminées, le blanchissage des plafonds et cloisons,

L'entretien des haies vives et sèches et des allées du jardin,

L'échenillage des arbres ;

Dans les écuries, le rebouchage des trous dans la maçonnerie des mangeoires, la réparation des mangeoires qui auraient été rongées et des rateliers qui auraient été dégradés ;

Le curage des fossés établis pour clore et faciliter l'écoulement des eaux pluviales.

(Art. 1757.)

« Le bail des meubles fournis pour garnir une maison entière, un corps de logis entier, une boutique ou tous autres appartements, est censé fait pour la durée ordinaire des baux de maisons, corps de logis, boutiques ou autres appartements, selon l'usage des lieux. »

Il ne se fait pas dans le canton de ces sortes de baux.

(Art. 1758.)

« Le bail d'un appartement meublé est censé fait à l'année quand il a été fait à tant par an, au mois quand il a été fait à tant par mois, et au jour, s'il a été fait à tant par jour.

« Si rien ne constate que le bail soit fait à tant par an, par mois ou par jour, la location est censé faite suivant l'usage des lieux. »

On ne connait pas dans le canton ces sortes de baux.

(Art. 1759.)

« Si le locataire d'une maison ou d'un appartement continue sa jouissance après l'expiration du bail par écrit, sans opposition de la part du bailleur, il sera censé les occuper aux mêmes conditions pour le terme fixé par l'usage des lieux et ne pourra plus en sortir ni en être expulsé qu'après un congé donné suivant l'usage des lieux. »

D'après l'usage des lieux, le locataire serait censé occuper la maison ou l'appartement pendant une année, et le congé devrait être donné dans les délais indiqués à la suite de l'art 1736.

(Art. 1762.)

« S'il a été convenu dans le contrat de louage que le bailleur pourrait venir occuper la maison, il est tenu de signifier d'avance un congé aux époques déterminées par l'usage des lieux. »

Ces époques sont indiquées à la suite de l'art. 1736.

DES RÈGLES PARTICULIÈRES AUX BAUX A FERME.

(Art. 1774.)

« Le bail sans écrit, d'un fonds rural, est censé fait pour le temps qu'il est nécessaire, afin que le preneur recueille tous les fruits de l'héritage affermé.

« Ainsi le bail à ferme d'un pré, d'une vigne et de tout autre fonds dont les fruits se recueillent en entier dans le cours de l'année, est censé fait pour un an.

« Le bail des terres labourables, lorsqu'elles se divisent par soles ou saisons, est censé fait pour autant d'années qu'il y a de soles. »

L'usage étant de diviser les terres en trois saisons, les sombres ou jachères, les blés et les menus grains, le bail des terres est censé fait pour trois ans.

(Art. 1777.)

« Le fermier sortant doit laisser à celui qui lui succède dans la culture, les logements convenables et autres facilités pour les travaux de l'année suivante, et réciproquement le fermier entrant doit procurer à celui qui sort les logements convenables et autres facilités pour la consommation des fourrages et pour les récoltes restant à faire.

« Dans l'un et l'autre cas on doit se conformer à l'usage des lieux. »

Il est d'usage que le fermier sortant quitte sa ferme, qui est immédiatement occupée par celui qui lui succède sans qu'ils se trouvent aucunement habiter ensemble; le fermier sortant dispose des récoltes comme bon lui semble sans les rentrer dans la ferme où il n'a plus de droit; s'il était tenu de les y rentrer, ce serait en vertu d'une convention ou d'un arrangement.

DU LOUAGE DES DOMESTIQUES.

(Art. 1779.)

« Il y a trois espèces principales de louage d'ouvrage et d'industrie :

« 1° Le louage des gens de travail qui s'engagent au service de quelqu'un;

« 2° ....

« 3° ....

(Art. 1780.)

« On ne peut engager ses services qu'à temps ou pour une entreprise déterminée. »

Le louage des domestiques se contracte presque toujours verbalement; mais pour que la convention soit regardée comme parfaite, il faut, d'après un usage qui paraît général, que le domestique ait reçu des arrhes. Jusque-là la convention ne peut être considérée comme définitive. Ces arrhes qui s'appellent denier à Dieu sont tantôt un don fait au domestique et tantôt imputables sur les gages. Il n'y a pas à ce sujet de règle fixe.

Les domestiques attachés aux travaux de la campagne et ceux attachés à la personne se louent ordinairement le 11 novembre pour une année. Quelques-uns se louent après l'hiver et seulement pour jusqu'au 11 novembre.

DU PARTAGE DES BOIS D'AFFOUAGE.

(Art. 105, C. forest.)

« S'il n'y a titre ou usage contraire, le partage des bois d'affouage se fera par feu, c'est-à-dire par chef de famille ou de maison ayant domicile réel et fixe dans la commune; s'il n'y a également titre ou usage contraire, la valeur des arbres délivrés pour constructions ou réparations sera estimée à dire d'experts et payée à la commune. »

L'usage a toujours été de partager par feu, c'est-à-dire par chef de famille : on n'a jamais suivi la loi du 10 juin 1793 qui prescrivait le partage par tête; ce partage a lieu par portions égales, les veuves sans enfants et les filles en ménage ont comme les autres chefs de famille parts entières; pour être admis au partage on exige une année de résidence : le partage est constaté par une délibération du conseil municipal. La futaie se partage comme le taillis; il n'est pas d'usage de délivrer des bois pour construction ni réparation.

Ces usages, qui sont fort anciens, n'ont jamais été interrompus.

ENLÈVEMENT DE TERRES OU MATÉRIAUX DANS LES LIEUX APPARTENANT AUX COMMUNES.

(Art. 479, n° 12 du Code pénal remplaçant l'article 44 du titre 2 de la loi du 6 octobre 1791.)

« Seront punis d'une amende de onze à quinze francs, ceux qui, sans être duement autorisés, auront enlevé des chemins publics des gazons, terres ou pierres, ou qui, dans les lieux appartenant aux communes, auraient enlevé les terres ou matériaux, à moins qu'il n'existe un usage général qui l'autorise. »

L'usage de faire ces enlèvements a généralement cessé d'exister.

SURMARCHE DES CHAMPS DE TOURNIÈRE OU CONTOUR.

Il est d'usage que les propriétaires des champs de tournière ou contour réunissent à leurs champs 65 centimètres à 1 mètre de longueur des champs aboutissant sur les leurs; ils cultivent cette quantité de terrain, l'ensemencent et la récoltent avec leurs champs, mais cet usage ne leur donne aucun droit sur cette quantité de terrain : c'est une espèce d'accord fait pour indemniser les propriétaires des champs de tournière ou contour de la surmarche qu'ils souffrent, et les propriétaires des champs aboutissants peuvent renoncer à cette manière d'indemniser les propriétaires des champs de tournière ou contour et reprendre leur terrain quand ils le jugent convenable.

CANTON DE SOULAINES.

BAUX.

Pour donner congé d'une maison, le propriétaire doit prévenir le locataire six semaines à l'avance, c'est-à-dire six semaines avant le 23 avril, époque à laquelle commence le bail. La même obligation est imposée au locataire qui veut discontinuer son bail.

En ce qui concerne les terres labourables, l'avertissement de cesser le bail doit être fait dans les trois mois qui précèdent le premier janvier de l'année où le bail verbal expire : le bail verbal est fait pour trois années, c'est-à-dire que le fermier doit faire trois récoltes différentes sur chacune des pièces par lui exploitées.

Le bail verbal commence au 23 avril.

Le paiement des fermages, soit en argent, soit en nature, s'effectue au 11 novembre de chaque année.

Celui des loyers a lieu le 23 avril.

DISTANCES POUR LES PLANTATIONS.

La plantation de la vigne est faite à la distance de 33 centimètres de la propriété du voisin.

A cet égard, la commission émet le vœu que pour cette plantation on observe la distance voulue par la loi en matière de haies vives, la vigne étant de nature à causer par ses racines, au propriétaire voisin, un préjudice aussi grand que celui que peut occasionner la plantation d'une haie vive.

FOSSÉS. — CLOTURES.

Les fossés de clôture ont habituellement 1 mètre 33 centimètres de largeur, et sont distants de 33 centimètres de la propriété du voisin.

Les clôtures se font ordinairement au moyen de fossés, haies mortes ou vives, palissades, etc., etc., etc.

A cette occasion, et pour faire autant que possible respecter la propriété, la commission est d'avis qu'un immeuble soit réputé clos toutes les fois qu'on apercevra la plus simple clôture à ses alentours.

VŒUX DIVERS.

La commission émet le vœu :

1. Que le propriétaire ne puisse pas imposer au fermier la condition de ne pas dessoler et qu'il soit loisible à ce dernier d'alterner.

2. Que le gouvernement prenne en faveur le drainage, qu'il favorise les baux à longs termes et que les engrais soient affranchis de tous droits d'entrée.

3. Qu'il soit obligatoire pour chaque domestique attaché à la culture d'être porteur d'un livret en forme.

4. Que le glanage ne soit accordé par l'autorité locale qu'aux personnes invalides et nécessiteuses et aux enfants au-dessous de douze ans appartenant à des familles malheureuses.

5. Que le curage des canaux et fossés, servant à l'assainissement des propriétés et habitations rurales, soit obligatoire, et que l'autorité locale puisse faire faire, en cas de refus, le curage desdits canaux et fossés aux frais du propriétaire récalcitrant.

6. Que les terres communales laissées en vaine pâture soient données en location.

7. Que chaque commune soit autorisée même à les aliéner jusqu'à concurrence de ce qui serait nécessaire pour la construction d'une maison communale, d'une fontaine ou d'un puits, et pour l'achat d'une horloge et d'une pompe à incendie, objets de première utilité.

8. Que des mesures sévères soient prises pour débarrasser les campagnes des familles errantes qui enlèvent, soit par la menace, soit par la crainte qu'elles inspirent, le pain des pauvres des localités où elles séjournent.

9. Enfin que toute liberté soit donnée aux communes pour l'exploitation des affouages, en se conformant aux usages et règlements existants pour l'exploitation.

CANTON DE VENDEUVRE.

1° Relativement à l'usufruit pour lequel le Code Napoléon, livre 2, titre 3 article 590, renvoie aux usages locaux.

Question : Quels sont les arbres soumis à l'élagage ou à la tonte ?

Réponse : Les saules et les peupliers.

Q. Quel est le mode d'aménagement suivi habituellement pour l'élagage ou la tonte des arbres soumis à ce genre d'exploitation ?

R. Cinq ans pour les peupliers, trois ans pour les saules.

Q. A quelle époque ces élagages ou tontes s'opèrent-ils ?

R. Au printemps et en automne.

Q. L'intervalle de temps qui sépare ces époques varie-t-il suivant la nature des terrains ou suivant les essences ?

R. Non.

Q. Cet intervalle est-il uniformément le même, de telle sorte que le produit dont s'agit puisse être considéré comme périodique et non comme accidentel ?

R. Il peut être considéré comme périodique.

2° Relativement aux usages locaux auxquels l'article 645 du Code Napoléon renvoie touchant les cours d'eau.

Q. Existe-t-il des ruisseaux ou rivières dont l'usage ou le cours des eaux aurait fait l'objet de règlements particuliers, ou à l'occasion desquels il se serait établi, entre les riverains, un mode, soit de diriger, soit d'employer et d'utiliser leurs eaux pour des irrigations, ou autrement, mode qui, par son ancienneté, peut être considéré comme un usage constant et obligatoire ?

R. Non.

Q. Existe-t-il également des règlements particuliers et locaux relativement au curage de ces cours d'eau ou un mode ancien et habituel d'y procéder ?

R. Non.

Q. Les droits des usiniers à des francs bords sont-ils, d'après les usages locaux, reconnus et respectés, et les boues provenant des curages des biez et sous-biez sont-elles en conséquence déposées sur ces francs bords ?

R. Oui.

3° Relativement à la hauteur des murs de clôture entre voisins que fixeraient des règlements particuliers ou des usages locaux constants et reconnus.

Q. D'après ces règlements ou ces usages, quelle est la hauteur de ces clôtures ?

R. Il n'y a ni règlements ni usages obligatoires à cet égard ?

Q. Quelle est leur nature ?

R. Il n'y a point d'usage obligatoire.

Q. Quelle est la hauteur, l'épaisseur des haies formant ces clôtures ?

R. Point d'usage obligatoire.

Q. Quelle est la hauteur, l'épaisseur, le mode de construction des murs ?

R. Même réponse qu'à la question précédente.

4° Relativement à la servitude du tour de l'échelle ou d'échelage.

Q. La servitude du tour de l'échelle existait-elle ?

R. Non.

Q. Existait-elle contre le propriétaire faisant bâtir sur son terrain et obligé par cette servitude de laisser au-delà de sa construction un espace de terrain dit tour de l'échelle ?

R. Non.

Q. La servitude existait-elle, dans le cas de contiguité de l'édifice avec le terrain du voisin, contre celui-ci obligé, dans ce cas, de supporter les échelles du propriétaire de cet édifice pour cause de réparation?

R. Non.

Q. Dans le cas où la servitude ne pouvant s'établir que par titre formel, ce titre ne fixant pas la largeur du terrain à occuper par l'échelle, quelle était la largeur de ce terrain ?

R. Un mètre.

Q. Cette largeur variait-elle suivant le plus ou le moins de hauteur de l'édifice à qui la servitude était due ?

R. Non.

5° Relativement à la distance à laisser entre un fossé et la propriété du voisin.

Q. Celui qui ouvre un fossé sur son terrain doit-il laisser une distance entre le talus de ce fossé et la propriété de son voisin?

R. Oui.

Q. Quelle distance?

R. 50 centimètres pour les terres et 33 centimètres 1/3 pour les prés.

Q. Varie-t-elle suivant la profondeur du fossé, et y a-t-il à cet égard une proportion déterminée?

R. Non.

6° Relativement aux distances à observer pour les plantations d'arbres et de haies vives.

Q. Celui qui plante une haie doit-il laisser une distance entre elle et l'héritage voisin?

R. Oui.

Q. Quelle distance?

R. 50 centimètres.

Q. Comment se mesure-t-elle?

R. A partir du milieu des pieds corniers.

Q. La haie peut-elle être plantée en toutes sortes d'essences?

R. Oui.

Q. Celui qui plante un arbre à haute tige doit-il le placer à une distance de l'héritage voisin?

R. Oui.

Q. Cette distance est-elle uniforme pour toutes les espèces d'arbres à haute tige?

R. Oui.

Q. Comment se mesure-t-elle?

R. A partir du milieu du pied de l'arbre.

7° Relativement aux distances à observer et aux ouvrages intermédiaires requis pour l'édification de certaines constructions.

Q. A quelle distance doit-on éloigner d'un mur mitoyen ou non mitoyen la construction :

D'un puits?

R. Aucune.

Q. D'une citerne?

R. Aucune.

Q. D'une fosse d'aisances?

R. Aucune.

Q. D'une forge ou fourneau?

R. Aucune.

Q. D'un magasin à sel ou autres matières corrosives?

R. Aucune.

Q. Et généralement de toute autre construction dont le voisinage peut offrir des inconvénients ou des dangers pour les voisins?

R. La commission ne connaît dans le canton aucun genre de construction susceptible de nuire à autrui autres que celles indiquées ci-dessus.

Q. Peut-on suppléer à cette distance par certains ouvrages intermédiaires préservant le voisin de tout dommage ou préjudice?

R. L'usage ne prescrit pas de distance, mais il oblige à faire un contremur, savoir :

Pour les puits et fosses d'aisance, de 33 centimètres d'épaisseur,

Pour cheminée, âtre, forge, fourneau et magasin de sel ou autres matières corrosives, de 165 millimètres d'épaisseur.

Et pour étable, de 33 centimètres d'épaisseur.

8° Relativement à l'usage de délivrer en sus de la quantité exprimée, une quantité ou un nombre déterminé par chaque douzaine ou centaine de la chose vendue au poids, à la douzaine ou au cent.

Q. Cet usage est-il obligatoire?

R. Cet usage s'est maintenu pour la paille et le foin qui se vendent au cent de bottes du poids de 5 kilogrammes chaque, et à l'égard desquels le vendeur livre toujours les 4 au cent à moins de convention contraire.

9° Relativement aux baux à loyer ou à ferme.

Q. Quels sont les délais à observer suivant l'art. 1736 pour signifier ou recevoir congé lorsqu'il s'agit :

D'une maison entière?

R. 3 mois.

Q. D'un simple appartement?

R. 40 jours.

Q. D'une seule chambre?

R. 40 jours.

Q. D'une boutique ou d'un magasin?

R. 40 jours.

Q. D'une maison, d'un appartement ou d'une chambre meublée?

R. 40 jours.

Q. Existe-t-il certaines époques usitées pour les locations?

R. Oui, c'est au 23 avril et au 11 novembre.

Q. Les délais du congé sont-ils absolus et doivent-ils être calculés jour par jour, ou bien le locataire a-t-il le droit ou l'obligation d'attendre, pour sa sortie, les époques, s'il y en a d'usitées comme termes de locations?

R. Les délais du congé sont absolus et le locataire ne peut ni ne doit attendre les époques ordinaires des locations.

Q. A l'époque usitée où les locations se renouvellent, le locataire a-t-il encore quelques jours de grâce pour déménager et faire les réparations?

R.Non.

Q. En cas de sous-location, l'usage est-il que le sous-locataire paie à l'avance au locataire une partie quelconque du sous-loyer (art. 1753)?

R. Non.

Q. Le locataire est-il tenu de certaines réparations autres encore que celles que l'art. 1754 désigne comme locatives?

R. Non.

Q. A défaut de bail ou à défaut de stipulation constatant que le bail est fait à tant par an, par mois, par jour, quel est l'usage de la localité quant à la durée de la location (art. 1758)?

R. Un an.

Q. En cas de bail, sans écrit, de terres labourables, pour combien d'années est-il censé fait, suivant l'assolement de la localité (art. 1775)?

R. Pour trois ans.

Q. Quelles sont les obligations respectives du fermier sortant et du fermier entrant pour l'exécution de l'art. 1777?

R. Celles prescrites par le Code, il n'y a pas d'usage contraire.

Q. Quel délai observe-t-on pour donner congé d'une usine?

R. Il n'y a pas d'usage particulier d'établi à cet égard.

10° Relativement au louage d'ouvrage ou d'industrie.

Q. En matière de louage d'ouvrage ou d'industrie, existe-t-il quelqu'usage particulier pour gager les serviteurs, domestiques, ouvriers de moissons et autres auxiliaires salariés des cultivateurs?

R. Non.

Q. A quelle époque et pour quelle durée ont lieu ces locations?

R. Il n'y a pas d'époque fixe; quant à la durée, elle est d'une année.

Q. Quels sont les travaux spéciaux compris dans ce genre de louage consistant à s'obliger d'une manière générale à cultiver, soit une vigne, soit un champ, soit un pré ou tout autre héritage?

R. Ce genre de louage est inconnu dans le canton.

Q. Quels délais et quelles formalités est-on dans l'usage d'observer pour faire cesser les baux à cheptel de moutons et de vaches?

R. Il n'y a pas d'usage d'établi.

11° Relativement à l'agriculture.

Q. Quel est l'usage maintenu et suivi pour l'exercice soit du parcours, soit de la vaine pâture, soit du glanage?

R. Les terres en jachères sont livrées à la vaine pâture, et les prés non clos après la récolte de la première herbe sont abandonnés au parcours du gros bétail; quant au glanage, il est réglé annuellement par l'autorité administrative.

Q. Quel est également l'usage suivi relativement à la surmarche des champs de *tournière?*

R. Le cultivateur des champs de *tournière* tourne sans opposition sur le champ faisant contour, lorsqu'il n'est pas emblavé, et lorsqu'il n'est qu'ensemencé, sous l'obligation de jeter de la semence sur la partie surmarchée.

Q. Existe-t-il encore des pierriers communs ou vagues où chaque propriétaire, dans un certain rayon, vient déposer les pierres enlevées de son héritage?

R. Non.

Q. A-t-on conservé l'usage de publier des bans de vendange?

R. Non.

Q. Enfin, quels sont, en général, les usages dérivant des besoins de l'agriculture, et dont l'effet est, au moyen de certaines concessions de propriétaire à propriétaire, de faciliter l'exploitation générale du sol?

R. Il n'y en a point de particuliers.

12° Relativement aux affouages.

Q. Quel est l'usage de la commune pour le partage de l'affouage?

R. Chaque année, la coupe d'affouage est mise en adjudication et exploitée par un entrepreneur?

Q. Partage-t-on par tête?

R. On partage par feu.

Q. L'usage est-il ancien?

R. De temps immémorial.

Q. Partage-t-on par portions égales ou inégales?

R. Par portions égales; autrefois les femmes veuves n'avaient qu'une demi-portion : cet usage n'existe plus depuis dix ans?

Q. Est-il constaté par quelque titre, par quelque délibération de l'administration communale, par quelque procès ancien?

R. Non; seulement sur la réclamation faite à l'administration par les femmes veuves, il a été décidé qu'à l'avenir elles recevraient portion entière, ce qui, depuis, a toujours eu lieu.

Q. A-t-il été interrompu?

R. Non.

Q. A-t-on, par exemple, suivi la loi du 10 juin 1793 qui prescrivait le partage par tête?

R. Jamais.

Q. L'usage, quel qu'il soit, peut-il être prouvé par des témoignages dignes de foi, ceux, par exemple, d'anciens habitants domiciliés et surtout n'étant plus domiciliés?

R. Oui.

Q. L'usage exige-t-il pour être admis au partage, une résidence antérieure d'une durée déterminée?

R. Pour avoir droit à une portion d'affouage l'année suivante, il faut être domicilié dans la commune avant le premier janvier, ou autrement une année de domicile est exigée, et il en a toujours été ainsi sans interruption; cette condition, du reste, peut également être prouvée par témoins.

Q. La futaie se partage-t-elle de la même manière que le taillis?

R. Oui, par portions égales et par feu, et avec les mêmes conditions.

Q. Existe-t-il un usage pour la délivrance d'arbres destinés aux constructions ou réparations des maisons des habitants?

R. Cette délivrance ne s'est jamais faite.

ARRONDISSEMENT DE BAR-SUR-SEINE.

CANTON DE BAR-SUR-SEINE.

PREMIÈRE PARTIE.

USAGES AUXQUELS SE RÉFÈRENT DES DISPOSITIONS LÉGISLATIVES.

(Art. 590, C. N.)

Il n'y a pas d'usage constant dans le canton pour l'usufruit du bois; s'il y a un aménagement, on le suit; dans le cas contraire, la coupe se fait tous les vingt ans dans les vieux bois, et tous les huit ou dix ans dans les plantations de bouleau et autres essences analogues.

(Art. 593.)

L'usufruitier ne prend des échalas dans les bois que lors des exploitations ordinaires.

Tous les trois ans, il fait tondre les saules et s'en approprie les branches; il en fait de même pour les peupliers, mais seulement tous les quatre ans.

(Art. 644 et 645.)

Il n'y a point d'usages particuliers pour les irrigations, les droits de chacun sont ordinairement réglés par des titres ou par la loi.

(Art. 671.)

Il n'y a point d'usage *constant* et *reconnu* dans le canton pour la distance à observer dans la plantation des arbres; il n'existe que des tolérances, mais elle cessent à la première demande, et partout on exécute les prescriptions de la loi. (1)

---

(1) *Jugement rendu par le juge de paix du canton de Bar-sur-Seine le* 22 *juillet* 1854, *sur l'art.* 671, *C. N.*

L'usage de planter des arbres à haute tige, à une distance moindre de 2 mètres, a-t-il pu s'établir légalement depuis la promulgation du Code Napoléon? Ne faut-il pas, au contraire, que celui qui en excipe prouve qu'il existait avant le Code? Dans tous les cas, quel doit être le caractère de cet usage pour avoir force de loi?

Considérant que, pour résister à la demande de M. O....., M. L..... avait allégué que dans la commune de Rumilly l'usage était de planter les bois à 50 centimètres du terrain voisin, et que nous avions ordonné la preuve de cet usage;

Considérant que sur dix témoins, que mon dit sieur L..... a fait entendre, trois seulement font remonter l'usage à 25 ou 30 ans, et les autres de 5 à 12 ans;

Considérant que tous les témoins ont déclaré, en outre, qu'il n'y avait pas de distance fixe pour la plantation des arbres fruitiers; que cette distance variait en raison de la largeur des champs sur lesquels les plantations étaient faites; que le seul témoin entendu à la requête de M. O..... a déclaré qu'il avait visité tous les bois plantés entre le domaine de Vaux et la commune de Rumilly, c'est-à-dire presque toutes les plantations faites sur ladite commune, et qu'il avait remarqué que les uns étaient plantés à 2 mètres, avec ou sans fossés, les autres à un mètre à 50 centimètres et même à rive;

Considérant que dans cette position il s'agit d'examiner le caractère de l'usage conservé par l'art. 671 du Code Nap., et de voir si M. L..... peut en exciper pour maintenir sa plantation;

Considérant que sous l'ancien droit il n'y avait aucune règle fixe sur la distance à observer pour la plantation des arbres à haute tige, et par conséquent des bois; que le législateur, ainsi que l'atteste Henrion de Pansey, avait abandonné cette matière à la sagesse des Cours souveraines, c'est-à-dire des Parlements qui, prenant conseil des circonstances et des localités, avaient sur ce point établi une jurisprudence qui était particulière à chacun d'eux;

Considérant qu'il résulte de l'opinion du même auteur, et des discussions qui ont eu lieu lors de la confection du Code Napoléon, que les rédacteurs de ce Code ont senti le danger de soumettre à une uniformité la distance à observer, pour la plantation d'arbres, quand, jusque-là, il s'était établi des usages différents consacrés par les divers tribunaux de la France;

Que c'est pour éviter tous inconvéniens que les nouveaux législateurs ont maintenu les usages, à la condition qu'ils seraient *constants* et *reconnus*, c'est-à-dire, qu'ils existeraient depuis un très-longtemps d'une manière uniforme, et qu'ils seraient attestés, comme le dit Merlin, par des magistrats, des jurisconsultes, des avocats, des praticiens, etc.;

Considérant dès-lors qu'il est évident que l'art. 671 du Code Nap. n'a entendu

(Art. 674.)

Il n'est pas d'usage de laisser des distances entre les constructions, mais il est d'usage constant de faire contre les ouvrages ou le terrain du voisin un contre-mur, avec parements extérieurs, d'une épaisseur de 33 centimètres.

---

conserver que les usages *existants avant son émission,* et non pas ceux qui pourraient s'établir par la suite ;

Qu'en effet l'art. 7 de la loi du 30 ventose an XII, qui a réuni le Code Napoléon en un seul corps de lois, ayant aboli tous les usages à l'exception de ceux maintenus par ledit Code, n'a pas entendu qu'il pourrait en être établi d'autres ; que c'est pour maintenir ce principe qu'il a été concédé au procureur général de se pourvoir, dans l'intérêt de la loi, contre les jugements qui seraient même passés en force de chose jugée ;

Que la partie finale de l'art. 671, en fixant la distance à 2 mètres dans les endroits où il n'y aurait point d'usages *constants* et *reconnus,* est en parfaite relation avec la loi du 30 ventose an XII ;

Considérant qu'aucun des témoins de M. L..... n'ayant fait remonter l'usage de planter les arbres à haute tige à une époque antérieure au Code Napoléon, par la raison simple qu'il est de notoriété publique que ce n'est que depuis moins de trente ans que des bois sont plantés dans des terres inférieures de la commune da Rumilly, mon dit sieur L..... n'a point prouvé que cet usage, quoique constant depuis environ 30 ans, ait le caractère tracé par l'art. 671, que dès-lors il ne peut point conserver les arbres qu'il aurait plantés à une distance moindre de deux mètres de la propriété de M. O.....

Considérant qu'en supposant que l'usage dont parle l'art. 671, et dont excipe M. L....., ait pu s'établir depuis la promulgation du Code Napoléon, il y aurait encore lieu d'examiner s'il présente les caractères exigés par cet article, c'est-à-dire, si dans l'état actuel il est *constant* et *reconnu.*

Considérant que pour qu'il en soit ainsi, les auteurs qui ont écrit sur le Code Napoléon, et notamment Pardessus, dans son *Traité des Servitudes,* disent qu'il faut que l'usage existe de temps immémorial; qu'il ne présente aucune bizarrerie ou diversité, et qu'il soit fondé sur l'opinion *universellement* reçue par les gens instruits, et sur ce que toutes les conventions sont faites ainsi, sans contradiction;

Que Merlin, examinant de quelle manière se forme et s'établit l'usage, s'exprime ainsi : « Comme il n'est fondé que sur le concours de la volonté tacite du peuple qui « l'observe, avec la volonté tacite du législateur qui la laisse observer, et que ce con- « cours de volonté ne peut s'annoncer que par des faits, il est sensible que ces faits ne « peuvent former un usage s'ils ne réunissent six caractères différents, c'est-à-dire « s'ils ne sont : 1° uniformes, 2° publics, 3° multipliés, 4° observés par la généralité « des habitants, 5° réitérés pendant un long espace de temps, 6° constamment tolé- « rés par le législateur. »

Considérant qu'en supposant que les faits allégués par M. L..... réunissent les caractères énoncés aux nos 2 et 6 ci-dessus, ils sont loin de réunir tous les autres.

Qu'en effet, 1° ils ne sont pas uniformes, puisqu'il résulte des enquêtes que les arbres à haute tige ont été jusqu'ici plantés à toute distance, même à rive du voisin;

(Art. 1736.)

Pour donner congé soit de la part du propriétaire, soit de celle du locataire, l'usage est d'observer un délai de six mois pour une maison entière, quand le bail est fait pour une année et plus, et de trois mois pour un logement quelconque. Quand le bail est fait au mois et qu'il est continué, il suffit d'avertir un mois à l'avance.

Si le bail verbal ou écrit est fait à un fonctionnaire ou agent du gouvernement, il est résilié de plein droit, en cas de nomination du fonctionnaire à un autre emploi ; dans ce cas, le fonctionnaire paie tous les loyers échus au moment de sa sortie, et en outre une indemnité égale à trois mois de loyer.

(Art. 1738 et 1759.)

Dans le cas de continuation d'un bail écrit, après son expiration, cette continuation n'est censée faite que pour un an, et alors on ne peut donner congé que dans les délais fixés à l'article précédent.

(Art. 1758.)

Dans le canton, on n'a pas l'habitude de louer les appartements

---

2° ils ne sont pas multipliés, puisque les plantations se réduisent à une dixaine, parmi lesquelles même plusieurs sont à la distance de 2 mètres ; 3° ils n'ont pas été observés par la *généralité* des habitants, puisque onze, seulement, sont venus déposer dans les enquêtes, et que Merlin dit, à cet égard, qu'il ne faut pas même confondre l'usage du grand nombre avec l'usage général, qui seul doit être pris en considération ; 4° ils n'ont pas été réitérés pendant un long espace de temps, puisque les plus anciens ne remonteraient pas à plus de trente ans, tandis que les auteurs exigent qu'ils remontent à un temps immémorial ;

Considérant que la Cour de Cassation a consacré ces principes par un arrêt du 9 avril 1838 en refusant de donner force de loi à un usage qui ne réunissait pas les conditions d'uniformité ;

Que M. Pardessus, dans son *Traité des Servitudes,* établit que, dans ce cas, il faut recourir à la règle générale, qui est de ne pouvoir planter les arbres à haute tige qu'à deux mètres ;

Considérant que M. L..... n'ayant prouvé l'usage, par lui allégué, dans les conditions tracées par l'art 671, doit être, sous ce rapport encore, condamné à arracher ses arbres.

Par tous ces motifs, condamnons mon dit sieur L..... à arracher dans la huitaine de la signification du présent jugement, tous les arbres qu'il a plantés à côté de la propriété de M. O....., qui ne seraient pas à 2 mètres de ladite propriété. Sinon, et faute de ce faire, etc. *(Document obtenu de l'obligeance de M. le Juge de paix de Bar-sur-Seine.)*

en garni ; on ne loue ainsi que des chambres isolées, et ce, par mois, alors le bail cesse en prévenant un mois à l'avance.

(Art. 1754.)

Il n'y a pas d'usage particulier pour les réparations locatives, on n'exige du locataire que celles dont sa nomenclature est rapportée dans l'art. 1754 du Code Napoléon.

(Art. 1777.)

Les obligations réciproques du fermier entrant et du fermier sortant sont ordinairement réglées par les baux, mais il n'y a point dans le canton d'usage particulier à cet égard.

(Art. 1780.)

L'usage général est de louer les domestiques pour un an ; cependant, dans les pays vinicoles on ne les loue que pour la saison des travaux d'été.

Quelques domestiques pensent qu'en prévenant leurs maîtres huit ou quinze jours à l'avance, ils peuvent se dégager de leur obligation, mais la justice ne laisse pas dégénérer cette prétention en coutume.

Loi du 6 octobre 1791. Titre Ier, section IV.

(Art. 1er.)

Dans le canton les propriétaires sont dans l'habitude de ne faire pâturer *exclusivement* leurs bestiaux sur leurs terres que lorsqu'elles sont closes dans le sens de l'art. 6, section IV de la loi du 6 octobre 1791.

(Art. 2.)

Le droit de parcours n'existe dans aucune commune.

(Art. 3.)

La vaine pâture est exercée dans tout le canton.

(Art. 6.)

On considère généralement comme clôture suffisante, pour empêcher la vaine pâture, deux perches superposées attachées à des piquets.

(Art. 10.)

Il est d'usage de ne point mener les moutons dans les prés. En tous cas, la vaine pâture y est suspendue pour tous les bestiaux depuis le 25 mars de chaque année jusqu'à l'enlèvement de la première herbe.

(Art. 13.)

Il n'y a point d'usage dans le canton qui limite le nombre des bestiaux à envoyer en pâturage. Ce nombre est ordinairement fixé par les conseils municipaux.

Titre II. (Art. 21.)

Il est d'usage constant dans le canton de glaner après la récolte des céréales, de rateler après l'enlèvement de l'herbe des prés non clos et de grapiller après les vendanges

Jusqu'ici le glanage était exercé par tout le monde, mais il vient d'être réglementé par un arrêté de M. le Préfet de l'Aube en date du 14 juin 1855.

Le ratelage et le grapillage ont lieu conformément aux dispositions de l'art. 21 de la loi précitée, aucun usage contraire ne s'est établi.

DEUXIÈME PARTIE.

USAGES QUI SE RATTACHENT SEULEMENT A DES TEXTES DE LOI.

Il est d'usage, dans toutes les communes, d'établir un ban de vendange et de grapillage.

Quelques propriétaires ont l'habitude, en creusant un fossé, de laisser du côté du voisin un terrain d'une largeur de 33 centimètres; mais le plus grand nombre fait les fossés à la rive avec un talus de 45 degrés.

Les provins dans les vignes se font généralement à rive du voisin et sans talus. L'usage est réciproque, sans pour cela cependant être plus légal.

Les haies vives formant clôture sont ordinairement tenues à la hauteur de 1 mètre 33 centimètres; le voisin a le droit d'exiger qu'elles soient tondues lorsqu'elles excèdent cette hauteur.

CANTON DE CHAOURCE.

PREMIÈRE PARTIE.

USAGES AUXQUELS SE RÉFÈRENT DES DISPOSITIONS LÉGISLATIVES.

(Art. 590, C. N.)

Il n'y a pas d'usage constant dans le canton. S'il n'y a pas d'aménagement, la coupe se fait tous les vingt à vingt-cinq ans dans le vieux bois, et tous les huit à dix ans dans les plantations de bouleaux et autres essences considérées comme bois blanc.

(Art. 593.)

L'usufruitier ne prend pas d'échalas dans les bois avant le temps de l'exploitation. Tous les trois ans il fait tondre les saules et s'en approprie les branches ; il en fait de même pour les peupliers tous les trois et quatre ans.

(Art. 644 et 645.)

Il n'y a pas d'usage particulier relatif aux prises d'eau pour les irrigations. Les droits sont réglés par les titres.

(Art. 663.)

Il n'existe pas dans le canton d'usage relatif à la hauteur des murs de clôture.

(Art. 671.)

Il n'y a pas d'usage constant reconnu ; il existe bien quelques tolérances, mais elles cessent à la première demande.

(Art. 674.)

Il n'est pas d'usage de laisser des distances entre les ouvrages, mais il est d'usage constant de faire contre les ouvrages ou le terrain du voisin un contre-mur avec parement de 33 centimètres d'épaisseur.

(Art. 1736.)

L'usage pour donner congé soit de la part du propriétaire, soit de la part du locataire, est d'observer un délai de six mois pour une maison entière, quand le bail est fait pour une année et plus, et de trois mois pour un logement quelconque.

Quand le bail est fait au mois, il suffit d'avertir un mois à l'avance.

TACITE RECONDUCTION. (Art. 1738 et 1739.)

Dans le cas de continuation d'un bail écrit après son expiration, cette continuation n'est censée faite que pour une année, et alors, pour la faire cesser, on donne congé dans le délai fixé par l'article précédent.

LOCATION D'UN APPARTEMENT MEUBLÉ. (Art. 1758.)

Dans le canton on n'a pas l'habitude de louer les appartements en garni, on ne loue que des chambres isolées au mois, dès lors le bail cesse en prévenant un mois à l'avance.

DES RÉPARATIONS LOCATIVES. (Art. 1754.)

Dans le canton, il n'y a pas d'usage particulier pour les réparations locatives, on n'exige de réparations locatives que celles indiquées par le Code Napoléon.

(Art. 1777.)

Les obligations réciproques de fermier entrant et de fermier sortant sont ordinairement réglées par les baux ; mais il n'y a pas d'usage particulier à cet égard.

(Art. 1780.)

Il est d'usage de louer les domestiques pour un an ; cependant, dans les pays vinicoles on ne les loue que pour la saison d'été.

Loi du 6 octobre 1791. Titre 1er, section IV. — **PATURAGES.** — (Art. 1er.)

Dans le canton, les propriétaires n'ont le droit de faire pâturer *exclusivement* leurs bestiaux et troupeaux sur leurs terres que lorsqu'elles sont closes.

DROIT DE PARCOURS. (Art. 2.)

Le droit de parcours n'existe dans aucune commune.

LA VAINE PATURE. (Art. 3.)

Le droit de vaine pâture existe dans le canton.

CLOTURE. (Art 6.)

Est considéré généralement comme clôture suffisante deux perches superposées attachées à des piquets.

PATURAGE DANS LES PRÉS. (Art. 10.)

Il est d'usage de ne pas mener les moutons dans les prés ; en tout cas la vaine pâture cesse pour tous les bestiaux le 25 mars de chaque année.

FIXATION DU NOMBRE DES BESTIAUX A ENVOYER AU PATURAGE.

(Art 13.)

Il n'existe pas d'usage en dehors de la loi.

Titre II.

GLANAGE, RATELAGE ET GRAPILLAGE. (Art. 21.)

Il est d'usage dans le canton de glaner après la récolte des céréales, de rateler après l'enlèvement de l'herbe des prés, et de grapiller après la vendange.

Le glanage est réglementé par un arrêté de M. le Préfet du département de l'Aube en date du 14 juin 1855.

Le ratelage et le grapillage ont lieu conformément aux dispositions de l'article 21 de la loi du 6 octobre 1791.

DEUXIÈME PARTIE.

USAGES QUI SE RATTACHENT SEULEMENT A DES TEXTES DE LOI.

Il est d'usage dans les communes de mettre un ban de vendange et de grapillage.

Quelques propriétaires ont l'habitude en creusant un fossé, de laisser du côté du voisin un terrain d'une largeur de 50 centimètres.

Les provins dans les vignes se font généralement à 16 centimètres, l'usage est réciproque sans être pour cela plus légal.

Les haies vives formant clôture sont tondues habituellement tous les trois ans et par tête quand leur hauteur excède 1 mètre 33 centimètres.

CANTON D'ESSOYES.

USUFRUIT DES BOIS. (Art. 590, 591, C. N.)

A part les bois appartenant à l'Etat ou aux communes, il n'existe dans le canton que peu de bois particuliers plantés depuis peu d'années et qui n'ont pas donné lieu à l'application de l'usufruit.

(Art. 593.)

Le vigneron est dans l'habitude, pour l'exercice de son usufruit, de prendre sur les bois qui se coupent tous les cinq ans les échalas dont il a besoin pour le paisselage de ses vignes.

USAGE DES EAUX COURANTES. (Art. 644, 645.)

Il n'existe dans le canton ni règlement particulier ni local qui réglemente les cours d'eaux : l'irrigation des prés se faisant en hiver et quand les eaux sont sorties de leur lit n'a jamais donné lieu à contestation.

HAUTEUR DES CLOTURES. (Art. 663.)

L'obligation de se clore n'a jamais été impérative dans aucune localité du canton, aussi on n'y rencontre aucun règlement ni usage déterminant la hauteur des clôtures qui y sont faites.

DISTANCE A GARDER ENTRE LES HÉRITAGES POUR LES PLANTATIONS DES ARBRES A HAUTE TIGE. (Art. 671.)

Jusque dans ces derniers temps, les arbres à haute tige étaient, comme ceux à basses tiges, plantés soit à leur limite extrême des propriétés, soit à de très-faibles distances qui s'écartaient des prescriptions du Code Napoléon sans que jamais ce mode de plantation ait donné lieu à des difficultés. Ce n'est que depuis quelques années que l'on est revenu aux principes posés par le Code et qui tendent à se généraliser. Il n'y aurait d'exception que pour le noyer qui, à raison de l'ampleur de son feuillage et de la nature malfaisante de son ombrage, a toujours exigé une distance de 3 mètres de l'héritage voisin.

(Art. 672.)

Par suite d'un consentement tacite et d'un usage que le temps semble avoir consacré, celui sur la propriété duquel avançaient les branches des arbres des voisins se contentait de la récolte de ces branches en saillie sur sa propriété, et se dispensait par là d'en demander la section.

CONSTRUCTIONS SUSCEPTIBLES DE NUIRE AUX VOISINS.

(Art. 674.)

Ce que l'on vient de dire de la plantation des arbres doit s'appliquer en tout point aux constructions susceptibles de nuire aux voisins : nulle part on n'observait de distance et on n'avait recours à aucun ouvrage intermédiaire, soit pour parer au danger du feu, soit pour se préserver des miasmes méphytiques qui se dégagent de certains dépôts. La fréquence des incendies de ces dernières années et un besoin mieux compris de salubrité depuis l'invasion du choléra de 1832 ont seuls fait rentrer les populations dans l'exécution de l'article 674, qui devient chaque jour de plus en plus d'une application usuelle, et depuis un certain laps de temps, les esprits se sont d'ailleurs montrés plus difficultueux à l'endroit de leurs intérêts.

DÉLAIS A OBSERVER POUR LES CONGÉS DES BAUX SANS ÉCRIT.

(Art. 1736.)

Le délai est de : 1° trois mois pleins quand il s'agit du bail d'une maison autrement qu'en garni.

2° Trois mois quand il s'agit du bail d'un corps de ferme.

BAUX ÉCRITS. (Art. 1738.)

Il est d'usage constant que le bail d'une maison doit avoir une durée d'une année ; que s'il s'agit d'un corps de ferme se divisant par soles ou saisons, le nouveau bail doit avoir une durée d'au moins trois années ; qu'enfin s'il s'agit d'un pré, d'une vigne ou de toute autre chose donnant des produits annuels, le nouveau bail ne peut pas être moindre d'une année.

SOUS-LOCATION. (Art. 1753.)

Sans application dans le canton.

LOCATION D'APPARTEMENT MEUBLÉ. (Art. 1758.)

Ce mode de bail est sans application dans le canton.

CONTINUATION DE JOUISSANCE APRÈS EXPIRATION DE BAIL PAR ÉCRIT. (Article 1759.)

Le congé doit être donné dans ce cas trois mois pleins avant l'expiration de l'année pour les bâtiments.

RÉPARATIONS LOCATIVES. (Art. 1754.)

Le Code Napoléon n'a rien innové à ce qui est d'usage dans le canton pour l'obligation qui pèse sur le locataire sortant à l'égard des réparations locatives. La pratique, d'accord en ce point avec les anciens baux, n'a jamais exigé rien de moins que ce qui est énoncé dans l'article 1754.

FACULTÉ QUE S'EST RÉSERVÉE LE PROPRIÉTAIRE DANS LE BAIL DE VENIR OCCUPER LA MAISON (Art. 1762.)

Le congé que le propriétaire est tenu de signifier d'avance au locataire doit être fait trois mois entiers avant le jour où il se propose d'exercer cette faculté.

OBLIGATIONS DES FERMIERS ENTRANTS ET SORTANTS. (Art. 1777.)

L'usage est de laisser au fermier sortant à la Saint-Georges la grange jusqu'après le battage, place à l'écurie pour les bestiaux nécessaires à la rentrée des récoltes et un battage, une chambre à feu pour logement ainsi que droit au four.

LOUAGE DES DOMESTIQUES ET OUVRIERS. (Art. 1780.)

Il est d'un usage constant dans tous les pays vinicoles du canton que, sans qu'il soit besoin de stipulation particulière, tout domestique vigneron qui engage ses services à l'égard d'un maître au renouvellement de chaque saison, doit commencer son travail le 2 février et le continuer sans désemparer jusqu'au 29 juin inclusivement. Point d'usage pour les obligations qui pèsent sur les domestiques de fermes, mais des abus.

DU FOSSÉ. (Art. 666 et suivants.)

En examinant la section relative aux fossés mitoyens ou non mitoyens, on est conduit à examiner ce qui se pratique pour le provinage de la vigne, qui n'est autre chose que l'ouverture d'un fossé dans l'intérieur d'une vigne ou sur la limite extrême de cette vigne. Un usage ancien, qui était dégénéré en abus, permettait que le provinage se fît à toute profondeur immédiatement contre la vigne voisine. Ce mode de travail qui tend à s'améliorer chaque jour par la vigilance du propriétaire, et les condamnations réformatrices qu'il a provoquées avaient pour résultat d'entraîner dans le provin ouvert toutes les terres de la vigne voisine au grand détriment de ce propriétaire qui voyait disparaître sa vigne faute d'aliment. On ne peut plus dès lors qualifier d'usage ce qui s'affaiblit chaque jour par l'autorité de la justice : ce mode de provinage n'était encore qu'un moyen de vengeance dans la main des malveillants.

PARTAGE DES BOIS D'AFFOUAGE. (Art. 105, Code forestier.)

A Essoyes, Verpillières, Loches, Noë, Fontette, Saint-Usage, il est d'usage de n'accorder l'affouage aux chefs de famille ou de maison que lorsque le prenant-part a acquis une année entière de domicile dans la commune. Si dans l'intervalle qui s'écoule entre la confection de la liste et la délivrance des lots plusieurs ayant droit viennent à mourir, il est d'usage de faire profiter de ces portions sans maîtres les individus mariés dans l'année et ayant une année de domicile dans la commune. Nous ne qualifierons pas usage ce qui se pratique à Cunfin, où l'on n'accorde qu'une demi-part à la fille quand on accorde part entière à la veuve et au garçon.

PARCOURS. — SERVITUDES RÉCIPROQUES DE COMMUNE A COMMUNE.

(Art. 2. Titre 1er. Section IV de la loi des 28 septembre et 6 octobre 1791.)

Le parcours n'existe plus dans aucune commune du canton ; chaque fois que quelque commune ou de simples particuliers ont voulu faire revivre cette servitude, elle a été arrêtée immédiatement dans sa marche par des condamnations judiciaires.

VAINE PATURE. (Art. 3, même section, même titre et même loi.)

La vaine pâture existe de toute ancienneté soit dans les terres en jachères, soit dans les prairies naturelles; mais l'exercice de ce droit dans les prés est subordonné par l'usage immémorial qui l'autorise, à la double condition qu'il ne pourra se prolonger chaque année au-delà du 25 mars, époque à laquelle les prés commencent à être à l'état de production, et la reprise de ce droit ne doit commencer aussi chaque année qu'après l'enlèvement entier de la récolte. Il est bien entendu que ce droit n'existe pas pour la race ovine. Pour Cunfin, l'usage est de n'entrer dans les prés qu'après la Saint-Martin, 11 novembre, jusqu'aux grandes gelées. Même usage que partout pour les terres en jachères.

ENLÈVEMENT DE TERRES OU MATÉRIAUX DANS LES LIEUX APPARTENANT AUX COMMUNES. (Art. 479, § 12, C. p.)

Dans toutes les communes vinicoles du canton, les habitants sont dans l'habitude d'enlever la terre des friches communales pour la porter dans leurs vignes; diverses tentatives ont été faites, soit pour réglementer cet abus, soit pour le faire cesser; mais tous les efforts tentés sont demeurés impuissants en présence, soit de l'incurie des administrateurs des biens communaux, soit de l'encouragement donné par ce qui se pratique dans plusieurs communes voisines où ces sortes d'enlèvements sont tolérés.

CANTON DE MUSSY-SUR-SEINE.

USUFRUIT DES BOIS. (Art. 590 et 593, C. N.)

L'usufruit des bois est exercé conformément aux prescriptions de la loi. Il n'y a aucun usage contraire.

USAGE DES EAUX. (Art. 644 et 645.)

Il n'existe dans le canton de Mussy aucun règlement particulier et local concernant l'irrigation.

PLANTATION D'ARBRES. (Art. 671.)

Les plantations sont faites conformément à la loi, à l'exception : 1° de la vigne qui est plantée à 22 centimètres; 2° et du premier rang, des arbres qui bordent la rivière, qui sont plantés sans avoir égard à une distance quelconque.

Sont considérés comme arbres à haute tige tous les arbres qui peuvent s'élever, et aussi ceux qui sont habituellement recépés tels que marsaults, aulnes, acacias, etc.

Les haies vives sont plantées comme le veut la loi à 50 centimètres, et leur hauteur ne peut excéder 1 mètre 33 centimètres ; elles doivent être élaguées toutes les fois qu'elles nuisent en quoi que ce soit au terrain voisin.

CONSTRUCTIONS SUSCEPTIBLES DE NUIRE AU VOISIN. (Art. 674.)
FOSSES D'AISANCES.

Il doit être fait un contre-mur de 50 centimètres d'épaisseur avec chaux et ciment.

PUITS.

Contre-mur de 33 centimètres.

CHEMINÉES ET ATRES.

Contre-mur de 17 centimètres d'épaisseur en tuiles; on peut cependant remplacer ce contre-mur par une plaque en fonte, dans ce cas, il suffit qu'il y ait seulement 2 centimètres entre le bas du derrière de la plaque et le mur du voisin.

FORGES, FOURS ET FOURNEAUX.

Faire contre-mur de 50 centimètres d'épaisseur et élever les cheminées desdits fours, fourneaux et forges d'au moins 83 centimètres au-dessus des toits.

Pour les étables, faire contre-mur tout autour et à la hauteur de la mangeoire de 22 centimètres d'épaisseur.

FUMIERS, TERRES JECTISSES.

Contre-mur de 17 centimètres d'épaisseur fait à chaux et à ciment.

Enfin mettre tous les cloaques à 2 mètres de tout mur mitoyen ou non.

BAUX. — CONGÉS. (Art. 1738, 1753, 1758, 1759.)

Le congé des maisons doit être donné trois mois avant l'expiration du bail; celui des terres six semaines seulement avant le 23 avril.

Les locataires des terres dites à chenevières font paître pour une année seulement, sans être le bailleur et le preneur tenus de s'avertir à la fin de l'année.

La tacite reconduction n'a lieu que pour une année. Il est d'usage général que les gens qui se louent pour la saison des vignes doivent exécuter leur marché jusqu'à la fin, sans indemnité à payer au propriétaire.

Cette saison commence le 2 février et finit le jour de la Saint-Pierre, 29 juin.

Pour les domestiques attachés à la culture du terrain, ils ne doivent d'indemnité qu'autant qu'ils se louent soit pour les semailles, soit pour la fauchaison, soit pour la moisson.

Il est d'usage aussi que les gens attachés à la culture de la vigne pour les saisons dites d'été, si on ne veut plus les occuper, doivent être prévenus avant le 22 janvier. S'ils ne veulent plus faire leurs tâches de vignes, ils ont la même faculté.

FOSSÉS. (Art. 666 et suivants.)

Les fossés sont faits à rive, mais avec talus de 45 degrés.

De plus, les trous qui sont faits dans les vignes pour y coucher les plants dits provins, sont à rive sans talus.

TOUR D'ÉCHELLE.

La servitude du tour d'échelle, quand il n'est rien dit dans l'acte qui la réserve, de 1 mètre.

SURCHARGE D'UN MUR MITOYEN. (Art. 657.)

Celui qui fait la surcharge doit payer pour indemnité au voisin le sixième du montant de l'ouvrage nouvellement construit et qui s'appuie sur le mur mitoyen.

BANS DE VENDANGE ET GRAPILLAGE. (Loi du 6 octobre 1791, art. 21 du titre II.)

L'autorité municipale est dans l'usage de prendre chaque année des arrêtés pour réglementer la vendange et le grapillage.

GLANAGE.

Le glanage était exercé, avant l'arrêté de M. le Préfet de l'Aube en date du 14 juin 1855, conformément à la loi.

RATELAGE

Exercé conformément à la loi.

VAINE PATURE. (Art. 3 du titre 1er, même loi.)

L'usage de la vaine pâture est réglementé dans chaque commune du canton.

PARCOURS. (Art. 2 du titre 1er, même loi.)

Il n'y a dans le canton de Mussy aucun usage qui autorise le parcours.

CANTON DES RICEYS.

IMMEUBLES PAR DESTINATION. (Art. 524, C. N.)

Les cuves ne sont pas immeubles par destination, mais sont considérées comme meubles, à moins qu'elles ne soient placées dans un bâtiment ou vendangeoir construit expressément pour l'exploitation d'un fonds de vignes qui y est attaché.

DÉLAIS A OBSERVER POUR PRENDRE LES PRODUITS PÉRIODIQUES DES ARBRES. (Art. 593.)

Les émondes des saules se font tous les cinq ans.

Il en est de même pour les élagages des peupliers.

Les délais pour la coupe des marsaults varient suivant la qualité du terrain.

DISTANCE POUR LES PLANTATIONS. (Art 671.)

Les marsaults ne sont pas considérés comme arbres de haute tige.

L'usage autorise à les planter à 0^{m} 50 c. de la ligne séparative, usage déplorable, car il consacre le droit de détruire la propriété voisine.

Les vignes se plantent à 0^{m} 25 c. de la ligne séparative, quelles que soient la nature et la culture du terrain voisin ; puis, en recouchant ou *racculant* le ceps, suivant l'expression du pays, on le rapporte tout-à-fait *en rive*, c'est-à-dire contre la ligne séparative, sans aucun intervalle.

Les fosses dit *provins* se creusent à pic, en rive de la propriété du voisin, d'où résulte pour ce dernier la nécessité de faire *provigner* lui-même, c'est-à-dire, suivant l'expression locale, de *rendre le provin*, afin d'éviter que ses terres ne tombent dans les fosses ou provins creusés dans la vigne voisine.

DISTANCE ET OUVRAGES INTERMÉDIAIRES REQUIS POUR CERTAINES CONSTRUCTIONS. (Art. 674.)

Pour les fosses d'aisances, étables et amas de matières corrosives, l'usage oblige à faire un contre-mur à chaux et ciment de 0m 25 c. d'épaisseur, ou à poser une dalle sur champ ayant d'épaisseur 0m 10 c. à 0m 12 c.

Et pour les fours, à laisser un intervalle de 0m 25 c. appelé *tour du chat.*

DÉLAIS DANS LESQUELS LE CONGÉ DOIT ÊTRE DONNÉ QUAND LE BAIL A ÉTÉ FAIT SANS ÉCRIT.

(Art. 1736.)

Pour les maisons ou parties de maisons louées à l'année, le congé doit être donné trois mois avant l'expiration de l'année.

(Art. 1774.)

Pour les biens ruraux, il doit aussi être donné trois mois avant l'expiration de l'année ou de la période d'assolement, suivant la nature des biens.

DÉLAIS DANS LESQUELS LE CONGÉ DOIT ÊTRE DONNÉ EN CAS DE LOUAGE DE TRAVAUX. (Art. 1780.)

Un propriétaire ne peut ôter la façon d'été de ses vignes au vigneron qui l'a faite dans l'année précédente, s'il ne l'a pas prévenu avant le 2 février, de même que le vigneron ne peut pas renoncer à cette façon d'été, s'il n'en a pas donné avis au propriétaire avant la même époque.

Les façons d'été doivent être achevées par le vigneron qui les a commencées sans qu'il puisse y renoncer; le propriétaire n'a pas non plus le droit de les interrompre.

ARRONDISSEMENT DE NOGENT-SUR-SEINE.

CANTON DE MARCILLY-LE-HAYER.

ARBRES ET BOIS.

Les arbres à haute tige se plantent à 2 mètres,

Les taillis et les saules à 1 mètre,

Et les haies à 50 centimètres de la propriété du voisin lorsque cette propriété n'est pas elle-même plantée en bois.

Lorsque deux propriétés sont voisines et plantées toutes deux en bois, il peut n'y avoir aucune distance entre elles, alors les bois peuvent être plantés au ras des limites.

Il ne se fait pas de baux de bois dans le canton.

MAISONS ET JARDINS.

On bâtit les maisons de manière à laisser, entre la maison et l'héritage voisin, du terrain double en largeur de la largeur elle-même de l'avancement du toit en dehors de la ligne du mur de la maison. Ainsi 16 centimètres d'avancement, comme c'est l'habitude, en tuiles, ou en ardoises, donnent lieu à 32 centimètres de terrain, et 48 centimètres d'avancement, selon l'ordinaire des couvertures en chaume, donne lieu à 96 centimètres de terrain.

Les maisons avec jardins se louent verbalement par année du 24 juin au 24 juin.

Les congés se donnent trois mois d'avance, et dans quelques communes six semaines seulement d'avance.

Pour les maisons sans jardins les congés se donnent aussi quelquefois trois mois d'avance, mais plutôt six semaines.

Pour une chambre seule le congé se donne six semaines d'avance, la location est par année bien entendu.

Les jardins seuls se louent verbalement par année du 28 mars au 28 mars, et les congés se donnent six semaines d'avance.

FERMES ET TERRES LABOURABLES.

Les fermes ou terres labourables qui sont louées verbalement, suivent l'assolement des terres qui se fait de trois en trois ans ; ainsi une location verbale est toujours pour trois ans, et si le fermier entre dans une nouvelle période de trois ans, il faut qu'il la finisse.

Cette location commence toujours le 23 avril de chaque année. On dit alors que le fermier entre en jouissance par les sombres de telle année, c'est-à-dire qu'il lève les jachères en cette même année.

Lorsque, comme dans les locations verbales, il n'a été rien stipulé, le fermier sortant garde les granges et greniers jusqu'au 23 avril de l'année suivante, et les bergeries, vacheries et écuries, sont prises immédiatement par le fermier entrant.

Les congés pour les fermes et terres se donnent quelquefois six mois d'avance, on évite alors toute difficulté, mais le plus souvent et généralement fermiers et propriétaires s'entendent facilement pour se quitter.

Si par hasard il se loue des terres par parcelles comme quinze ares, par exemple, cette location a lieu par année. Pour que la période de trois ans soit respectée, il faut que le lot soit assez fort pour supporter un assolement raisonnable par tiers, se composant de un tiers de la saison des jachères, un tiers de la saison des blés, et un tiers de la saison des mars, comme pour les locations de fermes.

PRAIRIES.

La plupart des prairies ne sont louées que comme accessoires des fermes et suivant leur sort. Quand par hasard il se loue des prés isolés, c'est par année quand il n'y a pas de convention écrite.

VIGNES.

Les vignes se plantent à 50 centimètres des propriétés voisines qui ne sont pas plantées en vignes.

Lorsque deux vignes sont voisines, elles sont plantées au ras des limites.

Le canton a peu de vignes ; il n'y a pas d'usage quant à la location verbale.

RIVIÈRES, CURAGE, FOSSÉS.

Point d'usage précis quant aux rivières.

Le curage se fait arbitrairement par les meuniers quand ils le désirent. Rien n'oblige les riverains de faire ce curage.

L'usage est de faire les fossés de manière à laisser 16 centimètres de terrain entre la ligne d'ouverture de ce fossé et la propriété voisine, de manière que ce fossé ait 16 centimètres de franc-bord du côté voisin ; ce franc-bord appartient bien entendu au propriétaire du fossé.

GLANAGE.

Contrairement aux lois existantes, les cultivateurs et les glaneurs s'entendent depuis un temps immémorial, de manière que les glaneurs entrent dans les champs moissonnés même avant que les dernières gerbes soient enlevées, et que les bergers y conduisent leurs moutons aussitôt après l'enlèvement de la récolte.

Les procès-verbaux qui sont faits à cet égard n'empêchent rien, de sorte que les agents de l'autorité sont réduits à en faire très-peu ou point.

PARCOURS ET VAINE PATURE.

L'usage du parcours des moutons existe dans le canton, mais depuis un temps immémorial ce parcours se fait dans plusieurs communes par cantonnements. Ainsi la commune de Marcilly-le-Hayer s'est trouvée cantonnée en trois sections : la section de Marcilly, la section de Basson et la section de Mothois. Dans le principe les propriétaires d'une section ne possédaient rien dans l'autre, et il n'y avait que trois bergers, un pour chaque section.

Depuis déjà longtemps des propriétaires d'une section ont des terres dans une autre section, et dans les trois sections réunies l'on compte aujourd'hui plus de dix bergers.

Il surgit souvent des difficultés sur la question de savoir si les propriétaires habitant une section et possédant des terres dans l'autre peuvent mener leurs troupeaux dans cette autre section.

Dans les autres communes où il y a aussi des sections, il existe à peu près les mêmes difficultés, mais elles ne paraissent pas être soulevées, tandis que dans la commune de Marcilly la question est débattue d'une manière très-grave.

Les membres de la commission n'ont pas trouvé d'autres usages à relever dans le canton de Marcilly-le-Hayer.

CANTON DE NOGENT-SUR-SEINE.

DROITS DE L'USUFRUITIER SUR LES BOIS-TAILLIS ET PÉPINIÈRES.

(Art. 590, C. N.)

L'article 590 renferme deux dispositions :

La première porte que, si l'usufruit comprend des bois-taillis, l'usufruitier est tenu d'observer l'ordre et la quotité des coupes conformément à l'aménagement ou à l'usage constant des propriétaires.

La commission pense n'avoir rien à constater à l'égard de cette disposition qui ne se réfère pas à un usage local, mais à un mode d'exploitation particulier et personnel aux propriétaires qui ont possédé avant l'ouverture de l'usufruit, mode qui peut varier au gré de chaque propriétaire, et suivant chaque propriété.

La seconde disposition porte que les arbres qu'on peut tirer d'une pépinière sans la dégrader ne font partie de l'usufruit qu'à la charge pour l'usufruitier de se conformer à l'usage des lieux pour le remplacement.

Ici, la loi se réfère bien à l'usage local, mais aucune constatation ne peut être faite non plus par la commission, par le motif qu'il n'est pas à sa connaissance qu'il existe ou qu'il ait jamais existé dans le canton de pépinières soumises aux droits d'un usufruitier. Il ne peut donc y avoir d'usage là où l'objet qui devrait être réglé par l'usage n'existe pas.

DROITS DE L'USUFRUITIER SUR LE BOIS DE HAUTE FUTAIE.

(Art. 591.)

D'après l'article 591, l'usufruitier profite, en se conformant aux époques et à l'usage des anciens propriétaires, des parties de bois de haute futaie qui ont été mises en coupes réglées.

La loi se réfère encore là à un mode personnel d'exploitation. Rien à constater.

AUTRES DROITS DE L'USUFRUITIER SUR LES BOIS ET ARBRES.

(Art. 593.)

Dans le canton de Nogent, il est d'usage que l'usufruitier profite des suppes, et encore des saules et peupliers, en coupant tous les trois ans les saules, et tous les quatre ou cinq ans les peupliers sous la condition de laisser à ces derniers quatre couronnes.

Nul autre usage connu n'existe pour l'application de l'art. 593.

USAGE DES EAUX QUI NE DÉPENDENT PAS DU DOMAINE PUBLIC.

Les cours d'eau non dépendant du domaine public sont dans le canton de Nogent :

1° La rivière d'Ardusson qui prend sa source à Saint-Flavy, et traverse les communes de Marigny (canton de Marcilly-le-Hayer), Saint-Martin-de-Bossenay, Lafosse, Saint-Loup-de-Buffigny, Ferreux, Quincey (canton de Romilly-sur-Seine), Saint-Aubin, et Nogent-sur-Seine (canton de Nogent), et qui va se jeter dans la Seine, proche la propriété de Bernières, en amont du pont du chemin de fer.

2° La rivière d'Orvin, dont la source est à Somme-Fontaine-Saint-Lupien, et qui traverse les communes de Marcilly-le-Hayer, Bercenay-le-Hayer, Bourdenay, Trancault (canton de Marcilly), Soligny-les-Etangs, Bouy-sur-Orvin, Trainel (canton de Nogent), Fourche-Fontaine (Seine-et-Marne), rentre dans le canton de Nogent sur le territoire de Gumery, et va se jeter dans la Seine à la limite des départements de l'Aube et de Seine-et-Marne, entre la commune de Courcerroy et celle de Villiers-sur-Seine.

3° Le ruisseau de Sainte-Elizabeth, qui est un des affluents de l'Orvin, auquel il se réunit à Soligny-les-Etangs.

4° Le ruisseau de Fontenay, autre affluent de l'Orvin, prenant sa source à Fontenay, et se réunissant à l'Orvin sur le territoire de Gumery.

5° Le ruisseau de Mâcon ou de l'Aulne, dont la première source est à Fontaine-Mâcon, et un autre de la Ferme-de-l'Aulne. Ce ruisseau traverse une partie de la ville de Nogent-sur-Seine, où il prend le nom de ruisseau de la Bonde, et se rend en Seine en aval des moulins de Nogent-sur-Seine.

Il n'existe ni règlement ni usage connus pour les quatre premiers cours d'eau dont le régime est malheureusement négligé.

Quant au cinquième, il existe pour le règlement de ce cours d'eau dans la partie qui traverse la ville de Nogent, une sentence de la table de marbre du 24 octobre 1752, et une transaction passée devant Hurant, notaire à Nogent-sur-Seine, le 2 octobre 1753. Copie de ces deux documents existe dans les archives de la mairie de Nogent.

HAUTEUR DE LA CLOTURE OBLIGATOIRE ENTRE VOISINS DANS LES VILLES ET FAUBOURGS. (Art. 663.)

Il n'existe pas d'usage particulier à Nogent pour la hauteur de la clôture obligatoire : on observe généralement la hauteur de 26 décimètres fixée par l'article 663. Il en est de même à Pont-sur-Seine et à Trainel.

DISTANCES A OBSERVER ENTRE VOISINS POUR LES PLANTATIONS. (Art. 671.)

Pour les arbres à haute tige, on observe la distance de 2 mètres fixée par l'article 671.

Pour les bois-taillis et de haute futaie, cette même distance est observée lorsqu'ils sont voisins de terres arables ou prés.

Les bois limitrophes d'autres bois sont plantés sur la ligne séparative, sans distance intermédiaire.

Les sapins et les saules qui ne sont pas soumis à une tonte périodique sont réputés arbres à haute tige.

Les saules soumis à une tonte périodique, les aulnelles, marseaux et vosdres, se plantent à la distance de 1 mètre.

Toutefois les marseaux et vosdres qui ne doivent pas dépasser la hauteur ordinaire d'une haie se plantent à 50 centimètres.

Les haies sont plantées à la distance de 50 centimètres, réglée par l'article 671.

La commission exprime le regret de l'absence de tout usage réglant à Nogent la distance qu'il conviendrait d'observer pour la plantation de la vigne, et elle émet le vœu qu'à cet égard on observe une distance de 20 centimètres de l'héritage voisin, quel qu'il soit. Dans les autres communes du canton où la vigne est cultivée, on observe une distance qui varie de 20 à 25 centimètres.

DISTANCE ET OUVRAGES INTERMÉDIAIRES REQUIS POUR CERTAINES CONSTRUCTIONS. (Art. 674)

Pour les diverses constructions dont il est question en l'article 674, on établit généralement un contre-mur de 50 centimètres d'épaisseur, en pierres, avec mortier de chaux et ciment.

DÉLAIS POUR LES CONGÉS LORSQU'IL N'EXISTE PAS DE BAUX ÉCRITS.

(Art. 1736.)

On observe le délai de six semaines pour les loyers de 60 francs et au-dessous, de trois mois pour ceux de 60 francs et au-dessus, quel qu'en soit le chiffre.

Ces délais sont applicables aux maisons ou logements de ville comme à ceux des communes rurales.

Quant aux boutiques sur rue, dans la ville il est d'usage d'observer un délai de six mois.

PAIEMENT DES LOYERS PAR ANTICIPATION. (Art. 1753.)

Il n'existe pas à cet égard d'usage commun, les stipulations de paiement de loyers par avance sont infiniment rares et accidentelles.

RÉPARATIONS LOCATIVES. (Art. 1754.)

On ne connaît généralement pas d'autres réparations locatives que celles dont le détail se trouve en l'article 1754.

LOCATION D'APPARTEMENTS MEUBLÉS. (Art. 1758.)

Ces locations sont toujours reputées faites au mois en l'absence de toute preuve légale de la convention des parties.

RÈGLES A OBSERVER ENTRE FERMIER ENTRANT ET FERMIER SORTANT. (Art. 1777.)

Il y a dans le canton de Nogent deux époques d'entrée en ferme :

L'entrée aux mars qui a lieu le 1er mars.

Et l'entrée aux sombres ou jachères, qui a lieu le 23 avril, jour de Saint-Georges.

ENTRÉE AUX MARS.

Le fermier sortant conserve une partie restreinte de l'habitation, une partie de l'écurie pour loger les chevaux nécessaires à l'enlèvement de la récolte des gros grains, une place dans l'étable pour une ou plusieurs vaches, selon l'importance de la ferme, et une place dans la grange pour resserrer et battre les gros grains. Il doit abandonner ces parties de bâtiments au 1er mars de l'année suivante.

Le fermier entrant a l'habitation principale, il entre avec tous ses bestiaux, chevaux, vaches et moutons ; il a droit à la consommation des pailles, des menues pailles, sauf la portion de paille nécessaire à la nourriture des chevaux et vaches que le fermier sortant a droit de conserver.

Quant à la litière elle est fournie par le fermier entrant au fermier sortant.

ENTRÉE AUX SOMBRES.

Le fermier entrant a droit à une habitation restreinte, à une place dans l'écurie pour loger les chevaux nécessaires aux façons et labours, et à l'ensemencement des terres ; il a droit, pour la nourriture de ses chevaux, à une quantité de paille proportionnée à leur nombre ; il a droit aussi de prendre de la paille fourragée pour la litière.

Le fermier sortant conserve tout le reste des bâtiments, les bergeries et granges, jusqu'au 23 avril qui suit sa sortie. A cette époque le fermier entrant amène tous ses bestiaux.

GLANAGE.

Il est autorisé par l'usage dans le canton de Nogent-sur-Seine, et les dispositions de la loi du 28 septembre, 6 octobre 1791 sur cet objet, sont observées.

VAINE PATURE.

Elle est exercée conformément aux usages et aux règlements particuliers à chaque commune.

Les prairies naturelles sont sujettes à la vaine pâture après la récolte de la première herbe et au profit des propriétaires de bêtes à cornes seulement : les moutons n'y sont jamais admis.

PARCOURS.

Il était autorisé par l'article 169 de la coutume de Troyes ; mais il a été aboli par l'édit de mai 1769 dans l'ancienne province de Champagne, dont le canton de Nogent fait partie :

En conséquence le parcours ne s'exerce plus dans ce canton.

CURAGE DES CANAUX.

Il n'existe pas de canaux dans le canton de Nogent.

CURAGE DES RIVIÈRES NON NAVIGABLES.

Il n'existe pas d'usages connus sur cet objet généralement trop négligé.

BAN DE VENDANGE.

Il est observé dans le canton de Nogent.

GRAPILLAGE.

Il est autorisé par l'usage comme le glanage dont il a été parlé plus haut.

FOSSÉS.

Il est d'usage d'établir les fossés sur la limite qui sépare celui qui veut se clore de la propriété du voisin ; cet usage est regrettable en ce qu'il expose une partie de la propriété du voisin à tomber dans le fossé et en ce qu'il gêne celui-ci dans la culture. La commission exprime le vœu qu'on observe une distance de 10 centimètres et que l'inclinaison du talus soit telle que la base de ce talus soit égale à la hauteur du fossé.

DÉPOTS DE FOIN EN MEULES SUR LES BORDS DE LA SEINE.

Il existe dans le canton de Nogent un usage particulier en vertu duquel les prairies situées aux bords de la Seine sont assujetties à une servitude qui cependant ne paraît reposer sur aucun texte de loi :

Celui qui exploite du foin destiné à être embarqué le dépose en meules, par suite de cet usage, sur le terrain d'autrui, et il paie au propriétaire, pour l'occupation, trois francs par chaque pied de meule, quelle que soit sa dimension. Cet usage est pratiqué depuis les temps les plus anciens, et il n'a jamais donné lieu à aucune difficulté.

CANTON DE ROMILLY-SUR-SEINE.

BOIS-TAILLIS. — COUPES. — ÉLAGAGES. (Art. 590, C. N.)

L'usage relativement aux taillis, est de les mettre en coupes régulièrement tous les neuf ans; quant aux saules on ne les élague que tous les trois ans; les peupliers ne sont jamais émondés et l'usufruitier n'a droit qu'aux branches mortes.

Dans les ventes de lots de peupliers qui sont assez fréquentes et assez considérables dans le canton, il est d'usage que l'enlèvement des bois, l'arrachage des troncs et le nivellement du terrain, doivent être effectués au 25 mars ; si l'acquéreur laisse passer ce délai, il est censé avoir acquis la dépouille du pré et doit dès-lors en payer le prix :

EAUX COURANTES. (Art. 645.)

Chaque propriétaire use habituellement des eaux courantes qui bordent sa propriété pour l'irrigation de ses prairies sans être tenu de rien faire afin de rendre ensuite ces eaux à leur cours ordinaire. Toutefois cette dérogation à l'art. 644 du Code Napoléon tend à disparaître devant les réclamations de certains riverains lésés qui veulent qu'on se renferme dans la légalité.

Il n'y a ni règlements ni usages pour les époques de ces prises d'eau.

HAUTEUR DES CLOTURES DANS LES VILLES ET FAUBOURGS.

Il n'existe aucun usage pour la hauteur fixe que doivent avoir les clôtures entre voisins. Ces clôtures, dans ce cas, devraient, aux termes de la loi, avoir 26 décimètres; mais on a laissé s'introduire l'habitude de construire les murs séparatifs au gré de chaque propriétaire et à une hauteur par conséquent indéterminée.

PLANTATION D'ARBRES ET HAIES. — DISTANCES. (Art. 671.)

Dans tout le canton on suit pour les plantations les distances prescrites par la loi, c'est-à-dire : 2 mètres pour les arbres à haute tige et un demi-mètre pour les arbres à tige basse et pour les haies vives. Il n'y a d'exception que pour les saules : l'usage constant dans toutes les communes est de les planter toujours à 1 mètre du voisin. Les haies sèches se plantent sur bornes et on y tolère quelques pieds de sureau.

PASSAGES. — TOUR D'ÉCHELLE.

Lorsque le titre constitutif de la servitude de passage à pied est muet sur la largeur que doit avoir le sentier, l'usage immémorial veut que ce sentier ait 1 mètre, et 3 mètres s'il s'agit d'un passage avec bestiaux ou voitures.

Quant à la servitude connue sous le nom de tour de l'échelle, elle exige aussi 1 mètre de large sur le fonds assujetti.

TRAVAUX A FAIRE OU DISTANCES A OBSERVER DANS LES CONSTRUCTIONS NUISIBLES.

Il n'existe ni règlements ni usages particuliers relativement aux travaux à faire ou aux distances à observer pour certaines constructions de nature à nuire aux voisins. On suit pour ces travaux et ces distances la coutume de Troyes ; ainsi on ne peut établir de jour contre le mur du voisin s'il n'y a un demi-mètre entre. Pour les cheminées et âtres on est dans l'habitude de faire un contre-mur en tuilots de 2 décimètres environ d'épaisseur. Pour les fosses d'aisances et puits on établit d'ordinaire un contre-mur de 3 décimètres, et dans le cas où de l'autre côté se trouve également une autre fosse ou un puits l'épaisseur du contre-mur est de 9 décimètres au moins.

LOUAGE DES DOMESTIQUES.

Les domestiques attachés à la ferme sont toujours considérés comme loués à l'année et ne peuvent quitter avant l'année révolue ; les domestiques attachés à la personne sont considérés comme loués au jour et peuvent quitter le maître quand il leur plaît, en le prévenant toutefois huit jours à l'avance.

LOCATIONS. — DÉLAIS POUR LES CONGÉS.

Il existe peu de baux écrits : les locations se font verbalement et sont toujours censées faites pour un an à partir du 24 juin, de telle sorte que le bail qui n'aurait commencé qu'après ce terme n'est considéré que comme fait pour la période qui reste à courir jusqu'à cette époque.

Le locataire sortant est dans l'habitude de laisser son successeur se mettre en possession du jardin le 25 mars, c'est-à-dire trois mois avant l'entrée en jouissance.

Les délais à observer pour les significations de congé sont de six semaines pour tous les logements au-dessous de cent francs, et de trois mois pour tous ceux qui dépassent cette somme.

Quant aux réparations locatives, le preneur n'est tenu de faire que celles que mentionne la loi elle-même.

OBLIGATIONS DES FERMIERS ENTRANTS ET SORTANTS.

On n'entre dans les fermes qu'à la Saint-Georges, le 23 avril, pour la culture des sombres. Le fermier sortant n'est tenu de livrer à l'entrant qu'une chambre, une écurie, un fenil pour les fourrages et une place dans le grenier pour l'avoine : le surplus de la ferme reste à l'ancien fermier jusqu'au 23 avril suivant. Toutes les pailles de la dernière récolte appartiennent en outre au fermier sortant, à la charge de fournir à son successeur celles nécessaires pour les litières seulement. Il n'y a du reste guère de baux à ferme sans écrit.

GLANAGE. — GRAPILLAGE.

L'usage du glanage existe et les glaneurs ont l'habitude de s'introduire dans le champ, non pas comme le dit la loi après l'entier enlèvement des fruits, mais aussitôt que les gerbes sont battues. Le grapillage ne s'opère dans les vignes que trois jours après la vendange. L'ouverture des vendanges se fait à volonté : comme il y a peu de vignes on ne publie pas de ban.

PARCOURS. — VAINE PATURE.

Le droit de parcours n'existe que sur la commune de Saint-Martin-de-Bossenay. Il est réciproque pour elle et la commune de Rigny, mais n'est soumis à aucun usage particulier.

Quant à la vaine pature, elle s'exerce sur toute espèce de terrains non clos, excepté sur les prairies artificielles, aussitôt que la récolte est enlevée. Dans les prairies naturelles, elle a lieu également aussitôt après l'enlèvement des foins jusqu'au 25 mars.

Chacun conduisait autrefois à la vaine pâture la quantité de bétail qu'il jugeait convenable ; mais depuis quelques années presque toutes les communes ont pris des arrêtés pour réglementer cette servitude. On a fixé la quantité des bêtes à conduire proportionnellement à la quantité d'hectares que chaque propriétaire de moutons possède dans la commune. Quoique cette répartition laisse beaucoup à désirer pour les localités où les propriétaires de moutons sont peu nombreux, et où la quantité de bétail n'est pas en rapport avec l'étendue du territoire, c'est ce mode qui a généralement prévalu. Les arrêtés s'accordent en général à fixer le nombre de trois bêtes par hectare.

Le procédé employé habituellement pour clore les propriétés et les soustraire à la vaine pâture est celui d'un fossé auquel l'usage ne donne qu'un mètre seulement d'ouverture sur 50 centimètres de profondeur.

CANTON DE VILLENAUXE.

USUFRUIT DES BOIS. — (Art. 590, 593, 594, C. N.)

Dans le canton de Villenauxe, l'usage des propriétaires, et par conséquent des usufruitiers, est de couper les bois-taillis naturels sous-futaie tous les 20 ans, et les bois plantés, ainsi que les bois-taillis dépourvus de futaie, tous les 9 ans, soit la totalité de la pièce en une seule fois, soit par aménagement ou fractions périodiques, de manière que chacune revienne à être coupée aux âges sus-indiqués

Sans doute il y a des propriétaires qui mettent quelquefois un bois en coupe au-dessous de l'âge de 20 ans, et un plantis au-dessous de l'âge de 9 ans, mais ces faits isolés n'empêchent pas de reconnaître l'usage. En agir ainsi, ce n'est point le détruire, c'est simplement aller contre; c'est abuser, si l'on veut, mais c'est le droit du propriétaire d'user ou d'abuser de sa chose. Cela s'appelle d'ailleurs, dans le canton, faire une coupe anticipée, et cette qualification est à elle seule une preuve en faveur de la reconnaissance de l'usage. Or, l'usufruitier n'a pas d'autre droit que celui d'user; donc il ne peut faire ce que font les propriétaires qui abusent en anticipant sur les coupes de bois-taillis avec futaie au-dessous de 20 ans, ou de bois et plantis au-dessous de 9 ans.

Quant aux futaies et baliveaux qui se trouvent dans les bois-taillis, en chêne ou autres essences de bois dur, les réserves sont autant que possible de 1 ancien, 4 modernes, 8 baliveaux sur taillis, et 20 baliveaux de l'âge du taillis, par 42 ares 21 centiares de contenance : le surplus compose la réforme et fait partie de la coupe périodique.

Dans les plantis on réserve sagement pour cette même contenance 10 baliveaux de l'âge, et 5 parmi ceux réservés 9 ans auparavant, dans le but d'obtenir le repeuplement par l'expansion des grains. Si cependant tous ou partie des 10 plus anciens étaient trop mûrs pour en fournir 5 à réserver utilement, tous ceux qui seraient dans ce cas feraient partie de la coupe, sauf à augmenter la réserve des 10 plus jeunes, de manière à complétér le nombre total de 15 pour 42 ares 21 centiares.

La jouissance des produits annuels ou périodiques des arbres autres que ceux qui croissent dans les bois ou dans les plantis consiste :

Quant aux arbres fruitiers, dans la récolte des fruits qui se fait chaque année,

Et quant aux arbres non fruitiers, tels que peupliers, ypréaux, ormes et autres, dans l'émonde des branches qui a lieu tous les 4 ans, en laissant au moins cinq couronnes pour la tête.

A l'égard des arbres qui meurent ou sont arrachés ou brisés par accident, si ce sont des arbres à fruits, le droit de l'usufruitier est bien réglé par l'art. 594 du Code Napoléon : ces arbres lui appartiennent, à la charge par lui de les remplacer par d'autres. Mais s'il s'agit d'autres arbres tels que peupliers, ypréaux, ormes, etc., l'usage est établi dans le canton de considérer le corps et la tête de l'arbre comme appartenant au nu-propriétaire du fonds, et les branches seulement à l'usufruitier, à moins qu'il n'ait lui-même planté les arbres, auquel cas il aurait droit au corps et à la tête aussi bien qu'aux branches.

Mais la commission n'examine ici la question qu'au point de vue de l'art. 594 du Code Napoléon, c'est-à-dire en ce qui a lieu pour les arbres qui sont morts, arrachés ou brisés par accident. Quant à ceux de l'espèce qui occupe présentement son attention, et qui ne sont ni morts ni arrachés, ou brisés par accident, si c'est l'usufruitier qui les a plantés, il les abat quand bon lui semble à son profit exclusif, pourvu que cet acte ait lieu de sa part avant la cessation de son usufruit, autrement ils appartiendraient à la fin de l'usufruit au propriétaire du fonds, comme s'il s'agissait d'une emblave, et sans indemnité pour les frais de plantation ou autres. Et si c'est le propriétaire du fonds qui a fait cette plantation soit avant l'ouverture de l'usufruit, soit pendant sa durée, d'accord avec l'usufruitier, les droits de celui-ci, lors de l'abattage qu'en fait le propriétaire, se règlent de l'une ou de l'autre des deux manières suivantes, selon que les arbres étaient ou n'étaient pas mûrs par leur âge, avaient ou n'avaient pas cessé de croître et de profiter pour être abattus. Au premier cas, l'usufruitier n'a droit qu'aux branches; au second cas, il a droit, en outre, à une indemnité qui se règle entr'eux à l'amiable, ou, au besoin, devant les tribunaux. Il peut d'ailleurs s'opposer à l'abattage.

USAGE DES EAUX COURANTES. (Art. 644, 645.)

Les communes du canton ne possédant point de règlement spécial, particulier et local sur le cours et l'usage des eaux, les propriétaires dont les héritages sont bordés ou traversés par des cours d'eau non navigables ou flottables n'y exercent des droits d'irrigation, ou n'en usent de toute autre manière qu'en se conformant aux prescriptions de l'art. 644.

A Villenauxe et dans les hameaux de Resson et de la Rue, où il existe un certain nombre de moulins, les prises d'eau, à titre d'irrigation, ne sont même pas en usage, parce qu'elles affaibliraient trop le volume rigoureusement nécessaire au mouvement des usines. On n'y tolère que des conduites d'eau dans des bassins pour l'arrosage ou pour conserver du poisson, ou pour d'autres commodités des riverains, mais sous la surveillance et avec l'autorisation du Maire, qui prescrit les travaux à faire pour que les rigoles et les bassins ne soient pas absorbants.

HAUTEUR DES CLOTURES DANS LES VILLES ET FAUBOURGS. (Art. 663.)

A Villenauxe et à Dival, son faubourg, la hauteur des murs de clôture mitoyens, fixée par l'usage, n'est autre que celle déterminée par l'art. 663 du Code Napoléon. Si quelques murs, mitoyens ou non, excédent ou n'atteignent pas la hauteur de 26 décimètres compris le chaperon, c'est la conséquence ou de la libre volonté de celui qui a construit seul le mur à ses frais, ou du libre accord des deux voisins qui l'ont établi à frais communs ; mais, en cas de contestation, on ne manque pas de se conformer à la prescription de la loi.

DISTANCES A GARDER ENTRE LES HÉRITAGES POUR LES PLANTATIONS. (Art. 671.)

L'article 671 du Code Napoléon veut qu'à défaut de règlements ou d'usages constants et reconnus, la distance à observer entre voisins soit, pour les plantations d'arbres à haute tige, à 2 mètres de la ligne séparative; pour les autres et pour les haies vives, à 50 centimètres.

Il n'y a pas de règlement dans le canton.

Tout le monde est bien d'accord pour observer la distance légale de 2 mètres pour les arbres à haute tige, et la distance légale de 50 mètres pour les haies vives. (Les haies mortes ou sèches se plantent sur la ligne séparative.)

Mais quant aux arbres autres que ceux à haute tige, deux difficultés existent :

Que faut-il entendre par arbres à haute tige?

Et, en supposant la distinction bien établie, à quelle distance l'usage est-il de planter les arbres autres que ceux qui sont considérés comme appartenant à la classe des arbres à haute tige?

Il est hors de doute pour tout le monde que les peupliers, ypréaux, noyers, ormes, bouleaux, marselées, charmes, hêtres, frênes, tilleuls, châtaigniers, marroniers, aunes, pins, sapins, et généralement tous les arbres de grande élévation, sont des arbres à haute tige. Tous se plantent à la distance légale de 2 mètres. Le saule est excepté de cette règle : on exige seulement un mètre.

Mais d'autres arbres moins élevés, et surtout certains arbres fruitiers proprement dits, s'ils sont universellement rangés dans la classe des arbres à basse tige quand ils sont en espalier ou en paradis, deviennent matière à doute et à contestation s'ils sont en quenouilles ou pyramides, et surtout s'ils sont en plein vent. Les uns prétendent qu'ils sont arbres à haute tige, et voudraient que le voisin planteur les tînt à la distance de 2 mètres. D'autres ne se plaignent pas d'une distance moindre, et les planteurs usent d'autant plus largement de la liberté qui leur est laissée, soit à titre de droit, soit à titre de tolérance, que les contestations quelquefois soulevées n'ont pas été une seule fois résolues par jugement depuis 24 ans, durée de l'exercice de M. le juge de paix actuellement en fonctions qui en fait la déclaration. Les parties se sont toujours arrangées devant lui, ou en dehors de sa médiation, en sorte que grand nombre de plantations d'arbres fruitiers en plein vent existent et subsistent dans le canton à des distances moindres de 2 mètres du fonds voisin.

Ces distances ne sont même pas uniformément réglées : elles varient depuis 66 centimètres jusqu'à 1 mètre 66 centimètres.

M. le juge de paix expose qu'en 1845, à son audience du 31 décembre, Baudouin demandait contre Audry l'enlèvement de pruniers et cerisiers en plein vent plantés à la distance de 1 mètre 66 centimètres, prétendant qu'ils étaient arbres à haute tige. Audry soutenait qu'ils n'étaient point à considérer comme tels et que, dans tous les cas, l'usage était à Villenauxe d'observer pour ces sortes d'arbres une distance bien moindre.

Un transport fut ordonné, non seulement sur le lieu contentieux, mais encore sur les parties du finage de Villenauxe où de semblables plantations existaient, afin de reconnaître l'usage. Avant le 13 janvier 1846, jour fixé pour cette visite, les deux gardes champêtres chargés officieusement par M. le juge de paix de préparer les voies et moyens de constatation, firent une tournée et lui remirent une note de 56 propriétés par eux visitées, où ils avaient reconnu et constaté la plantation d'une multitude de pruniers et cerisiers en plein vent, tous à moins de 2 mètres du fonds voisin, mais sans uniformité dans la distance observée. Elle variait depuis 66 centimètres jusqu'à 1 mètre 66 centimètres.

En dehors de cette note, il existait bien d'autres plantations sur d'autres champs, mais qui ne pouvaient pas davantage servir de règle fixe dans le sens opposé ; car, si les propriétaires avaient planté tantôt à 2 mètres, tantôt à de bien plus grandes distances du champ voisin, on pouvait dire qu'ils n'avaient fait que ce que bon leur avait semblé, sans se préoccuper d'autre chose que de leur convenance ou de leur agrément, en sorte que l'on prédisait de toutes parts l'embarras du juge de paix pour le jour du transport officiel et du jugement qui devait le suivre. Mais il eut dans l'intervalle l'occasion de réunir les plaideurs et de les arranger au moyen d'une vente que Baudouin fit à Audry de son champ voisin de la plantation. Rien ne fut donc judiciairement décidé, et la question demeura dans toute son obscurité.

Mais s'il est permis au président d'émettre ici son avis, il lui semble, et la commission partage cette manière de voir, que les arbres à haute tige doivent comprendre les arbres fruitiers en plein vent. On peut se fonder d'abord sur ce que l'art. 671 paraît l'avoir entendu ainsi ; car, en n'exigeant pour les autres, comme pour les haies, qu'une distance de 50 centimètres, l'intérêt du planteur lui-même en souffrirait bientôt s'il plantait à cette minime distance des arbres fruitiers en plein vent, puisque la loi (art. 672) donnerait au voisin le droit de le contraindre à couper les branches qui ne tarderaient pas à avancer d'à-peu près toute leur longueur au-dessus de sa propriété, ce qui serait une véritable mutilation pour ces arbres, en ce que l'espace manquerait évidemment au développement suffisant sur toute la face regardant la ligne séparative. On peut se fonder encore sur la distinction clairement établie dans le *Dictionnaire de Droit français*, tome III, page 422, nouveau Denisard, et Merlin, *Répertoire*, au mot *arbres*. On y voit figurer parmi les arbres à haute tige tous les arbres fruitiers susceptibles de s'élever à plus de 4 mètres.

En résumé, la commission estime que les plantations d'arbres fruitiers en plein vent, en quenouilles ou pyramides, susceptibles de s'élever à plus de 4 mètres, faites dans le passé jusqu'à ce jour à des distances moindres que celles de 2 mètres, n'étant point l'effet d'un usage constant et reconnu, puisque ces distances varient capricieusement d'une propriété à l'autre dans le canton de Villenauxe, ne sauraient constituer un usage ayant force de loi. Ce n'est qu'un résultat de la tolérance des voisins, et, à moins que la plantation ainsi faite ne remonte à 30 ans, ou que son état actuel ne résulte de la destination du père de famille bien prouvée, ou enfin d'un consentement du voisin par acte en bonne forme, on devra, dans ce canton, considérer la distance à observer pour les abres fruitiers à haute tige tels qu'on vient de les définir, comme s'il s'agissait de peupliers, ypréaux, ormes et autres, à l'égard desquels la question n'a jamais fait doute. Il n'y a que les saules qui, bien que classés par le *Dictionnaire de Droit* parmi les arbres à haute tige, se plantent, suivant un usage constant et immémorial, à la distance de 1 mètre. Mais c'est par corrélation avec cet autre usage non moins constant qui oblige le propriétaire à les tondre tous les 4 ans à la première tête.

La hauteur des haies vives est fixée par l'usage, en cas de contestation, à 1 mètre 33 centimètres.

PLANTATION DE BOIS.

M. le président expose à la commission que, depuis une cinquantaine d'années seulement, il a été fait un assez grand nombre de plantations de terrains en bois dans le canton ; que dès les premiers temps de son exercice comme juge de paix, on est venu le consulter sur la question de savoir quelle était la distance à observer. La réponse paraissait facile : « Il faut suivre l'usage. » Mais quel était l'usage? Ceci demandait réflexion, et surtout examen attentif. Il parcourut scrupuleusement le finage de Villenauxe dans les contrées où existaient déjà en beaucoup d'endroits des plantations de bois plus ou moins récentes. Toutes, sans aucune exception, avaient été faites jusque vers la ligne séparative, c'est-à dire sans observer aucune distance. Fallait-il en conclure que c'était là un usage susceptible d'être consacré comme devant avoir force de loi? M. le juge de paix ne l'a point pensé. Il a remarqué que ces plantations étaient faites dans de mauvais terrains réputés impropres à la culture, dans des pentes de montagnes rocailleuses, en un mot, sur des fonds dont le peu de valeur expliquait déjà le silence ou la tolérance du voisin, qui, d'ailleurs, le plus souvent y avait trouvé son avantage, en agissant de même pour la plantation de son héritage contigu. Il eût été trop dangereux de reconnaître sous le nom d'usage ce qui n'était réellement que l'effet d'une tolérance réciproque entre voisins qui s'en trouvaient bien. Il a plu, depuis, à quelques particuliers de planter en bois des terrains situés dans des contrées arables, dans des sections occupées par des vignes. On vient encore de temps en temps consulter le juge de paix, soit avant, soit plus ou moins de temps après la plantation faite. Le planteur allègue le prétendu usage dont les contrées dites du Déluge, de Montré, des Larrets, etc., semblent déposer en sa faveur. Le voisin ne manque pas de répondre que, dans ces contrées, l'inobservation des distances n'a aucun inconvénient, présente même des avantages réciproques, tandis que, dans la contrée fertile où s'agite la contestation actuelle, le champ ou la vigne du voisin qui souffrira déjà beaucoup d'une plantation en bois tenue à 2 mètres de distance, deviendrait sans valeur, surtout quand la largeur du champ ou de la vigne est petite, si cette distance n'était point observée. Le magistrat conciliateur déclare que la raison, l'équité et même le droit, lui semblent du côté du plaignant. Il fait observer qu'une plantation en bois est même plus inquiétante pour le voisin que celle d'une rangée de peupliers ou autres arbres. Ceux-ci, en effet, espacés de plusieurs mètres, laissent du moins un passage à l'air, et leur plantation, étant en quelque sorte temporaire, viendra le moment où ils seront abattus et arrachés, et peut-être n'en replantera-t-on pas d'autre, car ordinairement la place est usée. La plantation d'un bois, au contraire, qui consiste en bouleaux, marselées, charmes et autres essences toutes classées parmi les arbres à haute tige, ne laisse aucun passage à l'air, fait un tort considérable par son ombre compacte et par la multiplicité de ses racines, et elle est censée établie pour toujours.

Le planteur persuadé se conforme à laisser une distance de 2 mètres en plantant, ou à la donner en arrachant son bois, s'il est déjà planté, et l'on peut dire que l'usage s'établit depuis quelques années dans ce sens. La commission est unanime pour le reconnaître et le proclamer.

PLANTATION DE VIGNES.

L'usage, dans les vignobles du canton, est de laisser entre deux vignes contiguës une raie ou sente de pied pour le passage commun, de 40 centimètres de largeur. Il en résulte que la plantation se fait par chaque propriétaire à 20 centimètres de la ligne séparative qui tient le milieu de la raie. La distance à observer est la même entre une vigne et un champ de terre ou toute autre nature de terrain. La règle s'applique d'ailleurs souvent même à ceux dont les deux propriétés contiguës aboutissent à une voie publique. Car si, par cette raison, la raie ou sente ne leur est pas nécessaire à titre de passage, ils doivent presque toujours la souffrir en faveur d'autres vignes ou parcelles de terrains enclavés dont les propriétaires en ont prescrit l'usage sans indemnité.

FOSSÉS.

L'usage de faire les fossés sur la ligne séparative, bien que celui de laisser une distance de 16 centimètres serait préférable, est constant et reconnu dans le canton.

CONSTRUCTIONS SUSCEPTIBLES DE NUIRE AU VOISIN PAR LEUR NATURE. (Art. 674.)

Lorsque l'on veut creuser un puits ou une fosse d'aisances près d'un mur mitoyen ou non, construire une cheminée ou âtre, ou forge, ou four, ou fourneau, y adosser une étable, ou établir contre ce mur un magasin de sel ou amas de matières corrosives, comme il n'existe ni règlement, ni usages particuliers sur tous ces objets, les parties qui ne s'accordent pas entr'elles se présentent amiablement devant le juge de paix qui les renvoie officieusement devant un maître-maçon qui décide sans frais la distance à observer ou les contre-murs à faire pour la sécurité du voisin. Il est toujours stipulé ou entendu dans l'arrangement écrit ou verbal que, si nonobstant les précautions indiquées comme suffisantes et exécutées de bonne foi, un danger, un inconvénient, un préjudice quelconque se manifestait plus tard, le voisin n'en serait pas moins recevable dans son action contre le constructeur pour l'obliger à faire cesser le dommage, l'inconvénient ou le danger reconnu. C'est ainsi que cela se passe sans frais et sans procès, c'est ainsi que cela se déciderait probablement par le jugement, si une contestation de ce genre était portée devant le tribunal compétent pour en connaître. La commission estime que les règlements et les usages les plus constants pourraient, dans certains cas, ne pas valoir la manière dont les choses se règlent ici, attendu que la précaution à prendre, la distance à observer, doivent le plus souvent être influencées par la spécialité et les circonstances du cas qui se présente à régler. Toutefois, elle ne se dissimule pas qu'en ce qui concerne les constructions de cheminées, forges, fours et fourneaux, il serait à désirer que, dans une matière intéressant à un aussi haut degré la sécurité publique, à cause des incendies qui souvent sont le résultat d'un vice de construction, il y eût dans chaque commune un règlement qui obligeât du moins de recourir préalablement au maire qui, aidé au besoin d'un homme de l'art, prescrirait les mesures à prendre et les précautions à observer.

DÉLAIS POUR LES CONGÉS DES LOCATIONS, ET LES PAIEMENTS DES SOUS-LOCATIONS.

(Art. 1736, 1738, 1753, 1758, 1759.)

Les congés pour locations verbales se signifient trois mois avant l'expiration de l'année pour les maisons et autres bâtiments qui sont toujours censés loués pour une année entière à partir du jour de l'entrée en jouissance, et trois mois également avant l'expiration de la dernière année d'une période triennale pour les terres arables louées par écrit avec échéances. Lorsqu'elles sont divisées en trois soles ou saisons, cela ne fait aucun doute que le bail est fait pour trois ans, car c'est l'art. 1774 du Code Napoléon qui pose lui-même cette règle.

Mais il arrive de plus en plus fréquemment, depuis l'introduction du système des prairies artificielles, et par suite des progrès croissants de l'agriculture, que l'on ne saurait reconnaître dans les terres tenues à loyer ce qui se concevait si facilement autrefois sous le nom de soles ou saisons. De là quelques chicanes, quelques velléités de procès, quelques prétentions de bailleurs ou de preneurs, selon que c'est l'un ou l'autre des deux qui a intérêt à faire cesser le plutôt possible un bail verbal de terres.

Néanmoins l'usage constant dans le canton de Villenauxe est de considérer les terres arables comme si elles étaient assolées ou ensaisonnées selon l'ancien mode, bien que l'on n'y trouve plus guère la saison des jachères, et que celle du froment et de l'avoine puissent être interverties ou modifiées, ou même remplacées en tout ou en partie par d'autres emblavures. Ainsi le bail verbal d'une terre arable est toujours censé fait pour trois ans, et cela quand même, comme il arrive parfois dans un lot de peu d'importance, la terre, le champ, objet unique, ou le total de plusieurs petits champs, ne serait nullement divisé en plusieurs natures d'emblavures. Si, par exemple, la totalité est destinée à mettre une avoine, on considère, nonobstant le défaut de division par soles et saisons exigée par la lettre de l'art. 1774, qu'en se pénétrant de son esprit, si c'est bien recueillir en entier dans le cours de l'année la totalité de l'avoine que le fonds était susceptible de produire, ce n'est pas recueillir tous les fruits que le locataire devait avoir en vue, et il lui est accordé trois ans, soit pour qu'il continue la seconde année par la saison des jachères, et termine la troisième par la récolte des blés, soit pour qu'il se livre aux autres industries d'emblaves que le nouveau système a introduites, pourvu qu'il ne force pas les produits de la terre.

Les locations de chambres en garni sont extrêmement rares. Le peu qui s'en rencontre serait censé fait pour un mois, et le congé devrait être donné quinze jours d'avance. Tel paraît être l'usage.

Les termes de paiement, à moins d'une stipulation contraire portée au bail écrit, sont pour les maisons, bâtiments, jardins, vignes, lots de terres autres que les fermes, à l'expiration de l'année de jouissance que le loyer représente et avec laquelle il concourt. Quant aux prés, le plus ordinairement il n'est pas exact de dire qu'ils se louent pour une année entière ; on ne convient souvent de la location, si c'en est une, que peu de temps avant l'époque de la fauchaison, et le loyer, si c'en est un, devient exigible à peu près invariablement pour le 11 novembre. C'est moins un bail du fonds qu'une vente de récolte sur pied.

Quant aux fermes ou exploitations rurales en grand auxquelles est attaché un corps de bâtiments pour le fermier, les paiements des fermages varient quant à leurs époques et quant à leurs fractionnements au gré commun des parties contractantes. Il serait difficile de préciser un usage constant. Cependant on peut affirmer que les paiements des fermages ne concourent pas avec la jouissance ; par exemple, tel fermier qui prend à bail une exploitation d'un propriétaire, et par conséquent tel sous-locataire qui la prendra de ce fermier, s'il commence sa jouissance au 1er mars, ne pouvant emblaver que le tiers de la ferme, ne jouissant que de ce qu'on nomme la saison des avoines, mettant ensuite la charrue et les fumiers dans celle dite des jachères pour y semer à l'automne des blés qu'il ne récoltera qu'à la moisson de l'année suivante, et obligé la première année de laisser récolter les blés par le fermier sortant, stipule ordinairement dans son bail que ses fermages ne seront exigibles chaque année qu'après la récolte de ses blés et encore après le temps nécessaire au battage et à l'ensemencement, c'est-à-dire vers le 25 décembre, et encore n'est-ce souvent qu'une moitié ou qu'un tiers de l'année de fermages qui est exigible ce jour-là, le surplus ne devant l'être qu'à Pâques ou à la Saint-Jean de l'année suivante.

D'autres commencent leur jouissance au 23 avril par la saison dite des sombres où jachères. Dans ce cas, les paiements des fermages ne concourent pas plus avec la jouissance que dans le cas précédent, et on suit généralement la même règle ou à peu près.

RÉPARATIONS LOCATIVES OU DE MENU ENTRETIEN.

(Art. 1754 et 1755.)

L'usage général dans le canton de Villenauxe en matière de réparations locatives et de menu entretien est de se renfermer strictement dans la nomenclature de celles nominativement désignées en l'art. 1754 du Code, comme si elles étaient limitatives et non simplement énonciatives. Les contestations ne naissent sérieusement qu'à l'occasion de la modification apportée par l'art. 1755 ; maisil ne s'agit toujours là que d'apprécier si les réparations sont occasionnées par le fait du locataire, ou bien par la vétusté ou la force majeure, et l'on peut dire que dans ce canton, à l'égard de ces sortes de réparations, il n'y a pas d'usage qui tienne lieu de loi, puisque c'est la loi elle-même strictement renfermée dans ce qu'elle énonce qui est la règle.

CONTRIBUTIONS DES PORTES ET FENÊTRES. — CORDES A PUITS.

(Loi du 4 Frimaire an VII.)

A moins de conventions contraires, le locataire est tenu de la contribution des portes et fenêtres, et de se procurer la corde pour tirer de l'eau du puits ; le propriétaire fournit la manivelle ou la poulie. Quant aux forces, si l'usage a pu être très-anciennement de les mettre à la charge de ce dernier, il est tombé en désuétude, et c'est l'usage contraire qui prévaut depuis longtemps.

OBLIGATIONS DES FERMIERS ENTRANTS ET SORTANTS. (Art. 1777.)

L'usage entre le fermier entrant et le fermier sortant au 1er mars est que, quant au logemnet, le fermier sortant n'ait droit qu'à une chambre, à quelques petits retranchements pour resserrer son bois de chauffage, son vin et autres provisions de ménage indispensables, le tout pendant l'année du 1er mars au 1er mars ; à la plus petite des écuries, ou à une place restreinte dans l'écurie, s'il n'y en a qu'une pour les chevaux, de manière que le fermier entrant ait la meilleure part, et cela aussi pendant toute l'année ; puis à une place suffisante dans la grange ou dans les granges pour resserrer les gerbes, en sorte que la meilleure part lui revient à cet égard depuis l'ouverture de la moisson jusqu'au 1er mars suivant.

Quant au battage, le fermier entrant aurait intérêt à ce qu'il s'exécutât un peu lentement, à ce qu'il y eût encore des pailles à battre de la dernière récolte pendant quelques mois à partir du jour de son entrée, et à ce que celles de la récolte des blés que viendra encore faire le fermier sortant ne fussent point achevées avant le mois de mai ou de juin de l'année suivante. Cependant les choses ne se passeraient ainsi que d'un commun accord assez rare entre parties semblables, et il n'y a rien à dire au fermier sortant : il est dans le droit que l'usage lui assure, si, au 1er mars, jour de l'entrée en jouisance du nouveau fermier, toutes les pailles de la précédente récolte sont déjà battues, et de même, s'il termine au 1er mars de l'année suivante le battage des gerbes du froment par lui récolté à la moisson d'après sa sortie, ce battage devant d'ailleurs s'opérer d'une manière régulière, c'est-à-dire à raison d'environ 1|6 par chaque mois, du 1er septembre au 1er mars.

Si le bail a commencé au 23 avril par les sombres, c'est, quant au logement de la personne et des chevaux, le fermier sortant qui a droit à la meilleure part, compris la totalité des granges, étables et bergeries, en un mot il a droit au logement nécessaire à lui-même et à tous ses bestiaux qu'il conserve pendant une année. Il a tout ce temps pour le battage des pailles de toutes les emblavures, et leur consommation par ses bestiaux, excepté ce qui est nécessaire en paille et litière aux chevaux du fermier entrant.

GLANAGE. — VAINE PATURE. — PARCOURS. (Loi du 6 octobre 1791.)

Le glanage dans les champs, le ratelage dans les prés, et le grapillage dans les vignes, sont consacrés dans le canton de Villenauxe par un usage constant et immémorial.

Ils ne doivent avoir lieu que dans les propriétés ouvertes et après l'enlèvement entier des fruits, puisque la loi du 6 octobre 1791, art. 21, confirmée par l'art. 471, n° 10 du Code pénal, ne sanctionne l'usage qu'à cette condition. Cependant il n'arrive que trop souvent que des glaneurs, du consentemeut, et parfois même sur l'invitation des cultivateurs, glanent dans un champ d'une certaine étendue pendant l'enlèvement de la récolte, et pour ainsi dire derrière chacune des voitures à l'aide desquelles l'enlèvement s'effectue. Cet usage, qui tend à s'établir, ne peut pas avoir force de loi, puisque la loi ne consacre l'usage de glaner qu'à la condition de ne le faire que dans les champs entièrement dépouillés et vidés de leurs récoltes. Les contrevenants, lorsqu'ils ont été surpris en contravention, ont bien invoqué le prétendu usage, et voulu se retrancher derrière la permission ou l'invitation du cultivateur; le tribunal de police simple : considérant qu'il n'appartient à personne, pas même au maître de la récolte, de disposer au profit de certains privilégiés, et avant le moment fixé par la loi pour le glanage d'épis qui, échappés à la main du moissonneur, appartiennent bien au plus diligent, mais à la charge par lui de ne faire ses diligences pour s'en emparer qu'après l'enlèvement entier de la récolte, ne manque pas de condamner le glaneur trop pressé à l'amende déterminée par le Code pénal. Le système que l'on tente de faire prévaloir conduirait à ce résultat : qu'il n'y aurait que les pauvres observant la loi qui seraient frustrés du bienfait, ou, si l'on veut, du droit de glanage, et que les violateurs de cette même loi qui en profiteraient.

Quant au grapillage dans les vignes, l'usage n'est pas seulement d'attendre l'enlèvement entier de la récolte de la vigne, mais encore de ne l'exercer qu'à partir du lendemain du dernier jour de la vendange dont la durée est fixée par un ban pour tout le vignoble.

La vaine pâture est en usage dans toutes les communes du canton de Villenauxe, tant sur les champs que sur les prés, le bétail blanc étant exclu de ceux-ci. Mais la loi prescrit d'attendre deux jours après l'enlèvement des récoltes, et ne maintient l'usage que sous les réserves portées art. 4 et suivants de la loi du 6 octobre 1791, section IV. En vain les bergers, les uns d'eux-mêmes, les autres à l'instigation de leurs maîtres, tentent-ils depuis quelques années de conduire leurs troupeaux dans le champ moissonné aussitôt l'enlèvement de la récolte ; en vain cherchent-ils à faire passer ce mode illégal pour un usage ; en vain essaient-ils, avec une certaine logique, à le faire découler tout naturellement de cet autre usage dont il a été parlé tout à l'heure, disant : « A quoi bon attendre deux jours, puisque le glanage se pratiquant maintenant de l'agrément des cultivateurs, au fur et à mesure de l'enlèvement des gerbes, n'a plus besoin d'être protégé par le délai que la loi indiquait ? »

Ils apprennent à l'audience de simple police, que ceux qui sont surpris glanant, même de l'agrément, même sur l'invitation du maître, dans le champ non entièrement dépouillé et vidé de sa récolte, que l'impunité, quelquefois acquise à ceux que le garde champêtre n'a pas vus glanant, ne saurait donc constituer l'usage duquel les bergers voudraient faire découler cet autre usage qu'ils cherchent eux-mêmes à introduire. Ils se retirent condamnés à l'amende, et bien avertis que l'usage d'exercer la vaine pâture sur un champ immédiatement après l'enlèvement de la récolte, pas plus que l'usage de glaner avant cet enlèvement entier, et derrière chaque voiture du cultivateur, n'a et n'aura, dans le canton de Villenauxe, malgré certaines prétentions quelque peu opiniâtres, force de loi contre la loi. Leurs maîtres condamnés solidairement avec eux aux frais comme civilement responsables des faits de leurs bergers, sont d'ailleurs officieusement prévenus depuis quelque temps que, si le double abus qu'on voudrait faire passer pour un double usage, ne tend pas bientôt à disparaître du canton, ceux d'entr'eux qui seront atteints et convaincus d'avoir excité les glaneurs ou les bergers à commettre les contraventions, s'exposeraient à être poursuivis comme complices.

La servitude dont parle l'art. 2, section IV, de la loi du 6 octobre 1791, cette servitude de paroisse à paroisse connue sous le nom de parcours, et qui entraîne avec elle le droit de vaine pâture, devait, aux termes du même article, continuer provisoirement d'avoir lieu, sauf les restrictions déterminées à la même section, lorsqu'elle serait fondée sur un titre ou sur une possession autorisée par les lois et les coutumes. A tous autres égards, dit la loi, elle est abolie.

Ces derniers mots ont beau signifier très-clairement que, dans toutes les communes non fondées en titres ou en possession par l'usage, il y aura violation de cet article de la loi de la part de tout habitant de ces communes qui exercera la vaine pâture sous le nom de parcours sur le territoire d'une commune voisine, la commission ne voit pas de quelle importance il serait présentement de distinguer, dans le canton, les communes qui sont, d'avec celles qui ne sont pas en possession de la servitude par la coutume, car la loi qui en prononce l'abolition pour les habitants de ces dernières, ne contenant aucune sanction pénale, et les tribunaux de répression ne pouvant pas créer des peines, le fait de l'habitant contrevenant ne saurait donner lieu à condamnation, et les gardes champêtres ne peuvent que s'abstenir de dresser procès-verbal. Il faudrait, pour parer à cette lacune de la loi, que le maire de chaque commune qui se trouve dans le cas favorisé, se fondant sur l'article de loi dont s'agit qui prononce l'abolition du parcours, prît un arrêté dont l'infraction trouverait du moins dans l'art. 471, nº 15 du Code pénal, une peine qui deviendrait ainsi la sanction indirecte, mais efficace de la disposition insérée dans la loi de 1791.

Tel est le vœu de la commission, et pour le cas où il serait réalisé, elle déclare qu'elle croit s'être suffisamment assurée :

1° Qu'aucune des sept communes dont se compose le canton n'est fondée en titre à l'égard d'une autre commune limitrophe pour l'exercice du parcours.

2° Que deux seulement le sont sur une possession acquise par la coutume. Ces communes sont : la Villeneuve et Perrigny, réciproquement.

CURAGE DES COURS D'EAU ET ENTRETIEN DES OUVRAGES D'ART QUI Y CORRESPONDENT. (Loi du 14 Floréal an XI.)

Un cours d'eau dit de la Vaunoise, qui prend sa source à Nesle (Marne), traverse dans le canton les territoires de Villenauxe, le Plessis et Barbuise.

Il fait mouvoir un certain nombre d'usines dont huit dans l'intérieur de la ville, compris Dival. Il y est utile à d'autres établissements, et sert d'ailleurs aux besoins journaliers des habitants.

Il existe un ouvrage d'art correspondant à ce cours d'eau, c'est un déversoir et une vanne au lieu dit Sainte-Foy, en amont des cinq derniers moulins.

Jusqu'au mois de novembre 1849, les curages n'ont jamais guère été faits dans la ville que d'une façon dérisoire et des plus incomplètes par les huit meuniers et autres usiniers en très-petit nombre sur le cours d'eau, qui profitent au mois de septembre, si bon leur semble, des deux ou trois jours pendant lesquels l'autorité locale est dans l'usage de faire mettre l'eau dans les fossés de décharge pour enlever, sur une étendue de quelques mètres en aval de leur roue, le plus gros des vases et immondices dont le lit est encombré et infecté.

Au mois de février 1839, dans un moment de terreur panique, causée par une inondation, une partie de la population ayant follement brisé les pilons et la charpente de la vanne, les propriétaires et meuniers des cinq usines inférieures adressèrent à M. le sous-préfet une plainte tendant à la prompte réparation par qui de droit d'un dommage dont ils étaient les premières victimes. Le conseil municipal, consulté, ne tarda point à leur opposer un arrêt préfectoral du 26 septembre 1817, qui avait mis les frais de réparation et d'entretien du deversoir, et de la vanne en question, à la charge des propriétaires qui possédaient les cinq usines à cette époque. Dans la prévoyance des longues contestations qui allaient s'engager, les meuniers firent une réparation provisoire et d'urgence qui ne rétablissait même pas la vanne, mais barrait simplement son ouverture par une planche attachée et fixée en prolongement de la surface du déversoir contigu.

Les propriétaires et les meuniers de huit moulins protestant, ceux des cinq inférieurs, contre l'arrêté du 26 septembre 1817, pour cause d'incompétence et d'injustice, et tous ensemble contre l'abus du mode dérisoire dont s'opéraient les curages, adressèrent des pétitions à M. le préfet, demandant, aux termes de la loi du 14 floréal an XI, un règlement d'administration publique, tant pour les curages que pour l'entretien du déversoir et de la vanne. Voici en succincte analyse les principales phases de cette interminable affaire qui était pourtant bien digne de recevoir une solution :

12 mai 1839. Plainte à M. le sous-préfet.

Peu de jours après, visite de ce magistrat qui, sur le vu des lieux, et nonobstant une opposition orageuse du maire d'alors, se prononça verbalement en faveur des plaignants.

Mais, délibération du conseil municipal qui croit devoir opposer l'arrêté du 26 septembre 1817, bien que, suivant les plaignants, ce ne soit pas encore de l'arrêté qu'il s'agisse pour le moment, mais uniquement de l'application de la loi de vendémiaire an IV, qui met à la charge des communes, sauf leur recours contre les auteurs, la réparation des dommages causés par les habitants dans des cas semblables.

Quatre ans se passent sans aucun résultat.

22 juillet 1843. Pétition à M. le préfet tendant au règlement d'administration publique pour le déversoir et la vanne.

30 septembre suivant. Pétition au maire d'alors pour le prier de prendre lui-même l'initiative en ce qui concerne une pareille demande relativement aux curages.

23 octobre. Sa réponse hostile et contraire aux vues des pétitionnaires.

7 novembre. Pétition à M. le préfet rappelant la première pour le déversoir et la vanne, et demandant aussi le règlement pour les curages, le tout très-longuement et très-fortement motivé.

13 septembre 1844. Mémoire au Ministre des Travaux publics après dix mois de silence.

Juillet 1845. Enquête pendant quinze jours à la mairie de Villenauxe, favorable aux pétitionnaires.

7 décembre. Rapport d'une commission au conseil municipal, également favorable, sauf une restriction concernant Dival pour les curages.

23 et 24 janvier 1846. Sous la présidence du nouveau maire, réunion de la commission avec les pétitionnaires. On se met d'accord sur tous les points.

2 février. Deuxième rapport de la commission suivi d'un projet de règlement conciliant toutes les difficultés.

Même mois. Adoption par le conseil municipal.

16 décembre 1847. Rapport d'un ingénieur ordinaire, contraire aux réclamants et à l'adoption du conseil municipal.

27 juillet 1848. Rapport de l'ingénieur en chef, contraire à celui de l'ingénieur ordinaire, et favorable aux réclamants.

Août 1848. Nouvelle enquête sur les rapports contradictoires de MM. les ingénieurs. Un seul habitant, l'ancien maire, fait un dire hostile aux pétitionnaires et pourtant il conclut, sans que l'on s'explique cette inconséquence, pour l'adoption du projet de M. l'ingénieur en chef qui est favorable aux réclamants. Ceux-ci et beaucoup d'autres habitants insistent en redoublant la force de leurs arguments.

23 septembre. M. le préfet donne son approbation. Il écrit une lettre au maire annonçant qu'il vient d'adresser toutes les pièces à M. le Ministre des Travaux publics, en le priant de faire homologuer par le chef du pouvoir exécutif le projet de règlement présenté par M. l'ingénieur en chef.

15 février 1849. Lettre du Ministre au Préfet prescrivant aux ingénieurs de motiver d'une manière plus détaillée les chiffres de la répartition proposée entre les trois groupes d'intéréssés, les usiniers, les arrosants et la généralité des habitants.

8 juillet. Lettre de l'ingénieur ordinaire au maire le priant de lui venir en aide dans le travail qui lui est demandé par suite de ce qu'on vient de voir et qu'il trouve d'une exécution très-embarrassante.

14 juillet. Réponse du maire qui déclare que, pour sortir des difficultés inextricables que présenterait l'exécution de l'un des trois points de la demande de M. le Ministre, il ne voit rien de mieux que de reprendre l'adoption du projet de règlement qui avait été arrêté d'un commun accord entre les réclamants, la commission et le conseil municipal, à la satisfaction de la généralité des habitants qui avaient pris part à l'enquête.

En août suivant, M. l'ingénieur de Nogent est venu, accompagné de M. le contrôleur des contributions, essayer d'établir sur des bases quelconques les évaluations qu'il désirait avoir.

Trois mois après, et, en attendant une solution qui n'est pas encore venue aujourd'hui, la population s'est avisée d'elle-même de prouver, après une attente de sept années qui s'augmente actuellement de six autres, que la question si simple au fond ne se complique que dans la forme, et, pour parler plus juste encore, uniquement dans les formalités fatalement exigées. Elle s'est mise à profiter les 20, 21 et 22 novembre 1849, du retrait de l'eau du ruisseau ordonné par M. le maire, pour faire un curage général, le plus soigné, et le moins imparfait que l'on eût vu de mémoire d'habitant, sans autre formalité que l'appel fait par les premiers hommes de bonne volonté à tous les autres qui n'ont pas tardé à les suivre, ou à y envoyer des ouvriers à leurs frais. On n'a rien fait depuis en curages un peu sérieux, ni en réparation au déversoir ou à la vanne...., et les choses en sont là.

La commission a cru de son devoir de consigner ici tous ces détails dont les traces écrites et certaines composent un volumineux dossier existant entre les mains de M. le juge de paix qui lui en a donné communication. Le travail auquel elle se livre depuis huit jours, en exécution à la circulaire du 26 juillet 1844, n'exigeait peut-être pas, dans l'intention du gouvernement, autant de développement qu'elle en a embrassé dans toutes les questions par elle examinées ; mais elle a pensé qu'indépendamment du parti que le gouvernement pourra tirer de son travail, un double en sera utilement conservé au greffe de la justice de paix pour venir en aide aux services de l'administration départementale et des tribunaux de l'arrondissement et du canton, dans toutes les questions où il s'agira de l'application d'usages locaux auxquels se réfèrent les diverses dispositions législatives, et il lui a semblé, à ce point de vue, qu'elle ne devait rien négliger de ce qui pourrait édifier l'autorité administrative ou judiciaire sur la valeur des motifs qui l'ont amené à conclure que tel usage est consacré comme constant et reconnu, et que tel autre ne l'est pas.

Elle déclare, en ce qui concerne le cours d'eau dit de la Vaunoise, que, pour les curages de la partie traversant la ville, et pour les réparations d'ouvrages d'art qui y correspondent, il n'y a rien dans le passé qui constitue ni un règlement obligatoire, ni un usage ayant force de loi. Tout est à faire, nonobstant les longs et louables efforts tentés pendant les dix années de 1839 à 1849.

Quant aux portions de ce même cours d'eau en amont ou en aval de la ville, celle en amont qui est de très-petite étendue jusqu'à la rencontre du finage de Nesle, est curée quelquefois en partie par le meunier du moulin Picard, selon son idée ou son besoin : le surplus ne l'est par personne. Celle en aval jusqu'à Barbuise et celles sur le territoire de cette commune ou du Plessis, paraissent offrir dans un passé déjà fort ancien, quelques exemples de curages qui auraient été exécutés par les riverains. Mais il est encore difficile à la commission de voir un usage bien constant et bien reconnu dans une matière qu'il faudrait absolument réglementer, et que l'on néglige ici depuis fort longtemps :

Un autre cours d'eau prenant sa source à Resson, commune de la Saulsotte, sillonne le territoire de cette commune. Il y fait mouvoir cinq usines. Il résulte des renseignements fournis à la commission par M. Moret, que, autrefois le curage se faisait de bonne volonté par tous les habitants du hameau de Resson; mais depuis sept à huit ans, et chaque année, ce sont les riverains qui, sur l'avis publié par le maire, curent le lit du cours d'eau, chacun au droit et sur toute l'étendue de sa propriété, tant à Resson qu'à la Saulsotte. Il n'y a que le meunier de Montargel qui cure exclusivement à ses frais le réservoir en amont de sa roue, bien qu'il ne soit bordé que d'un côté par un terrain dépendant du moulin.

PUITS DE QUARTIER.

Il existe à Villenauxe et à Dival un asssez grand nombre de puits de quartier. Leur construction sur la voie publique remonte à une époque qui se perd dans la nuit des temps. Ce qu'il y a de certain quant à leurs réparations, c'est qu'elles ne se font point aux frais de la commune. Mais si tout le monde reconnait en principe que l'entretien de chacun de ces puits doit être à la charge de tous ceux des habitants auxquels ce puits est utile quand vient le moment de réparer, on est souvent loin de s'entendre sur l'application. La réparation a lieu presque toujours par les ordres de quelques-uns, avant que les autres aient donné leur assentiment, ou aient été seulement entendus et prévenus. Lorsque les ouvriers réclament leur paiement à ceux qui les ont mis en œuvre, ceux-ci dressent une liste de répartition entre tous les prétendus intéressés. C'est alors que surgissent les contestations. Beaucoup d'entr'eux se refusent au paiement. L'un allègue qu'il a un puits particulier, qu'il ne se sert jamais du puits public; l'autre qu'il n'est que locataire de l'habitation et que cela regarde le propriétaire : celui-ci répond qu'il ne doit pas fournir à son locataire les moyens d'avoir de l'eau, attendu qu'il lui a loué une maison sans puits. Un autre conteste la nécessité de la réparation qui a été faite. Celui-là trouve les mémoires exagérés, blâme le choix d'ouvriers qui n'ont pas sa confiance et qu'il n'eût pas voulu qu'on employât si on l'avait préalablement consulté, etc... La contestation dure d'autant plus longtemps qu'on ne sait pas comment on en sortirait judiciairement, surtout sans de grands frais, car faute de règlement, faute d'usage bien défini, à la manière dont les travaux ont été donnés et exécutés, et en présence de la difficulté d'établir pour chaque individu jusqu'à quel point il est vrai qu'il use peu ou beaucoup, ou qu'il n'use jamais du puits, on prévoit qu'un tribunal ordonnerait de longues et dispendieuses informations, et on prolonge la querelle, mais on ne plaide pas. Comment la question se résout-elle? C'est ce que la commission ne saurait préciser. Il paraît que l'un paie de bonne grâce ou en murmurant, l'autre ne paie pas, celui-ci plus, celui-là moins, selon sa bonne volonté; et, en fin de compte, quand les ouvriers ou fournisseurs parviennent à recevoir tout ce qui leur était légitimement dû, c'est souvent parce que ceux qui s'étaient trop légèrement avancés en leur donnant les ordres s'arrangent pour parfaire à leurs dépens ce qui manquerait par suite du refus des récalcitrants.

La commission ne pouvant, dans cette matière, constater un usage constant et réconnu dans le canton, se borne à émettre le vœu qu'on puisse en faire l'objet d'un règlement municipal bien défini, et obligatoire tant au fonds que dans les formes à observer.

Elle ne voit pas, en sus des cas par elle examinés, d'autres usages locaux ayant force de loi dans le canton de Villenauxe.

COMMISSION CENTRALE ET DÉPARTEMENTALE.

PROCÈS-VERBAL

DE

VÉRIFICATION DES USAGES LOCAUX

CONSTATÉS

PAR LES COMMISSIONS CANTONALES.

L'an 1856, le 28 Avril, heure de midi, la Commission centrale instituée par arrêté de M. le Préfet de l'Aube, du 21 Novembre 1855, à l'effet de procéder à la vérification des usages locaux constatés, pour chaque canton, par une Commission spéciale, s'est réunie au Palais de Justice, à l'effet de prendre connaissance du travail préparatoire de la Sous-Commission nommée dans la séance du 24 Décembre dernier.

M. le Président a donné la parole à M. Angenoust, président de ladite Sous-Commission, lequel a rendu compte de la manière dont elle avait compris sa mission, et a dit qu'il était prêt, en qualité de rapporteur, à faire connaître le résultat de son travail; il a donné en conséquence lecture du rapport dont la teneur suit : (*Voir page* 172.)

A la suite de courtes discussions sur quelques articles, discussions qui n'ont donné lieu à aucun vote ni à aucune modification,

La Commission centrale :

Communication prise des procès-verbaux des assemblées cantonales,

Vu la circulaire du Ministre de l'Agriculture et du Commerce, en date du 15 février 1855,

Considérant que la rédaction du rapport de la Sous-Commission satisfait complétement au vœu de l'Administration,

Qu'elle reproduit et analyse exactement les constatations des Assemblées cantonales, vérifiées par les connaissances personnelles des membres de la Commission centrale,

Adopte en entier le rapport;

Arrête qu'une copie certifiée d'icelui, ainsi que de la présente délibération, sera transmise à M. le Préfet avec toutes les pièces y relatives; qu'une autre copie sera déposée au Greffe du Tribunal civil de Troyes pour y recourir au besoin.

Vote à l'unanimité des remercîments à la Sous-Commission et à son rapporteur.

La séance est levée à six heures.

Le Président,	*Le Secrétaire,*
Signé : CORRARD DE BREBAN.	Signé : DELACROIX

RAPPORT

DE M. ANGENOUST,

AU NOM DE LA COMMISSION. (1)

Une des dispositions les plus prononcées de notre époque est, sans contredit, celle qui tend à établir partout l'uniformité, à faire disparaître successivement les dissemblances et les oppositions dans les mœurs, les usages et les lois.

Dans les temps qui nous ont précédés, les nations, les provinces, les contrées même les plus rapprochées, étaient souvent séparées presque sur tous les points. La difficulté des communications matérielles et intellectuelles entretenait forcément dans la législation, comme dans les coutumes, les divergences les plus prononcées. La France notamment, composée de provinces elles-mêmes subdivisées en parties plus ou moins étendues, manquait, sous beaucoup de rapports, de cette homogénéité qui fait aujourd'hui sa force. Chaque province avait son Parlement ou sa Cour souveraine, qui donnait ou refusait sa sanction à certains édits. A l'exception des pays de droit écrit, chaque contrée avait sa coutume qui régnait dans des limites souvent mal définies. Ce qui était admis et reconnu dans l'étendue d'une juridiction, était contesté ou repoussé dans la juridiction voisine. De là, des incertitudes, des tiraillements sans nombre, toujours au grand préjudice des justiciables

Un pareil état de choses ne pouvait résister aux progrès civilisateurs de chaque jour. La grande réforme de 1789 lui porta les premiers coups : la suppression des divisions provinciales, la centralisation administrative, devaient entraîner et amenèrent en effet l'unité de législation. La promulgation du Code Napoléon, ce monument immortel

---

(1) Elle était composée de MM. Angenoust, *vice-président du Tribunal civil;* Berthelin, *avocat*, Couturat, *notaire ;* et Delacroix, *avoué*, *secrétaire de la Commission centrale.*

que tant de peuples nous envient, et que plusieurs ont déjà imité au moins en partie, devint pour toute la France une ère de sagesse et d'uniformité dans la législation.

Aujourd'hui, la loi est une, et, au premier abord, il semblerait que toute divergence, toute coutume particulière, tout usage local, eût dû disparaître pour faire place à ses prescriptions uniformes. Le législateur, sans doute, l'eût pu faire dès le principe, et le but aurait paru séduisant, mais il a eu la sagesse de résister à cette tentation.

On a dit avec raison que les mœurs d'un peuple font ses lois, plutôt que les lois ne font les mœurs. Si dans la majeure partie de la France il se trouvait assez d'homogénéité pour établir des principes généraux, et, dans la plupart des cas, des lois applicables à tous, il existait encore, suivant la différence des climats, des cultures du sol, des usages et des habitudes qu'il eût été difficile, peut-être même imprudent, de vouloir briser d'un seul coup.

Aussi le Code Napoléon, dans un certain nombre d'articles, tout en posant des règles générales et uniformes, a-t-il cru pouvoir se référer, pour les détails, à certains usages qu'il était difficile de recueillir exactement, et plus difficile encore de réduire à l'uniformité de la loi. En conséquence, ces usages ont ainsi acquis une existance légale, et, en tant qu'ils sont reconnus comme existants, reçoivent chaque jour la sanction d'une application judiciaire.

C'est, Messieurs, de ce qu'on peut appeler cette quasi-législation que vous avez aujourd'hui à vous occuper.

Si le principe de l'existence et de l'application de ces usages locaux ne peut être contesté en présence des dispositions du Code, leur diversité, leur instabilité même, dans certaines circonstances, ne peuvent être non plus méconnus. Souvent le magistrat sur son siége se trouve obligé de choisir entre plusieurs usages existants dans sa circonscription, celui qui doit être appliqué aux parties, suivant la diversité de leurs domiciles. Quelquefois encore, il se trouve appelé à constater si un usage longtemps admis et reconnu n'a pas fait place à un autre dont l'apparition doit lui être substitué.

Car, on ne saurait le nier, par suite de la tendance uniforme dont nous venons de parler, l'originalité des mœurs locales, comme la diversité des coutumes, disparaissent chaque jour peu à peu, et laissent penser que, dans un temps qui n'est pas éloigné peut-être, la loi pourra reprendre pour tous une uniformité désirable, à laquelle elle avait dû temporairement renoncer.

Quoi qu'il en soit, Messieurs, le Gouvernement a voulu être éclairé par des investigations scrupuleuses sur l'existence de ces usages locaux épars dans toute la France, sur leur nature, leurs circonscriptions plus ou moins étendues, sur leur maintien ou leur disparution progressive.

Dans chaque canton une commission spéciale a été chargée de cette mission, présidée par le juge de paix auquel est le plus souvent confiée leur application légale. Vous-même, commission centrale et départementale, vous avez été appelés à reviser, vérifier et coordonner les travaux de ces commissions cantonales.

Quel est, dans ces circonstances, le but et le résultat auxquels se propose d'atteindre l'administration supérieure?

Serait-ce simplement de mettre les magistrats plus à portée de faire sans erreur et sans contestation possible l'application des usages ainsi reconnus pour chaque localité?

Serait-ce d'établir en France des circonscriptions plus ou moins étendues, dans lesquelles certaines coutumes, ainsi recueillies, devront être à l'avenir appliquées avec uniformité, sans heurter ou blesser les mœurs dominantes dans ces contrées?

Serait-ce enfin de faire passer sous le niveau de la loi des usages dont nos codes avaient jusqu'ici consacré la divergence?

Nous l'ignorons et n'avons point à nous en préoccuper. Nous n'en serons pas moins disposés à répondre, aussi complétement que possible, à la mission qui nous a été donnée.

La sous-commission que vous avez chargée de préparer le travail qu'on vous demande, s'en est occupée avec soin. Chacun de ses membres a voulu personnellement étudier les travaux d'un certain nombre de commissions cantonales; puis dans des réunions où chacun de nous apportait le résultat de ces examens partiels, tous ces travaux ont été analysés en commun, de manière, autant que possible, à en recueillir l'esprit général, à en faire ressortir les divergences, et à vous présenter dans un résumé unique le produit des laborieuses recherches des commissions locales.

Toutes, il faut bien le dire, n'ont point donné à leurs travaux le même développement. Quelques-unes, en très-petit nombre, ont cru pouvoir singulièrement restreindre l'étendue de leurs constatations. Nous avons tâché de suppléer à ces lacunes regrettables.

Presque toutes ont conservé dans leurs résumés l'ordre des articles du Code, dans lesquels sont indiqués les usages locaux auxquels renvoie le législateur. Nous avons suivi la même marche, autant que possible, en ayant soin d'écarter ou de ne reproduire que pour mémoire ceux des usages recueillis qu'aucune disposition législative ne rend obligatoires pour le justiciable, et par suite, d'une application légale pour le juge.

Nous allons donc, Messieurs, passer en revue successivement les différents usages locaux auxquels renvoient un certain nombre d'articles du Code ou quelques lois antérieures, en indiquant l'étendue des circonscriptions dans lesquelles ils sont actuellement en vigueur, les divergences que présentent à cet égard certains cantons ou seulement quelques communes, et même enfin leur absence dans quelques autres. Ce résumé succinct, cette nomenclature un peu aride, peut-être, nous étaient indiqués par la nature même des travaux dont nous avions à vous présenter l'analyse.

VÉRIFICATION DES USAGES LOCAUX DANS LE DÉPARTEMENT DE L'AUBE.

(Art. **590**, **591**, C. N.)

Ces deux articles, pour régler les droits de l'usufruitier, ne renvoient point aux usages locaux, mais bien à l'usage constant des propriétaires. Peut-être, par suite, n'y aurait-il pas lieu de rechercher quels sont à cet égard les divers usages suivis dans le département. Néanmoins, à défaut de possibilité, dans quelques cas de constater le mode de jouissance des précédents propriétaires, il a paru convenable de rechercher ceux qui sont suivis dans le pays, et cette constatation avait été faite par une grande partie des commissions cantonales.

Les bois-taillis se coupent généralement de dix-huit à vingt-quatre ans, et par exception de seize à vingt-cinq. Dans les coupes faites au-dessous de seize ans on peut accuser et reconnaître la mauvaise administration d'un propriétaire obéré. Tandis que l'aménagement au-dessus de vingt-cinq ans ne saurait être, dans notre sol, que désavantageux à la croissance des bois.

Les bouleaux et autres bois analogues, les plantations de bois blancs s'exploitent de huit à dix ans. Pour cet aménagement, la futaie dans l'arrondissement d'*Arcis* ne se prend qu'une fois sur deux coupes, et la futaie réservée qui reste après la coupe n'est ébranchée qu'une fois sur deux exploitations

Il n'existe dans le département aucun usage reconnu pour l'extraction des jeunes arbres des pépinières.

Les têtes de saules se coupent tous les trois ans, excepté dans le canton des *Riceys*, où leur produit n'est exploité que tous les cinq ans.

Les peupliers sont élagués après un intervalle de temps qui varie de trois à cinq ans, d'après la bonté du sol ou l'emploi des élagues. On leur laisse ordinairement de trois à quatre couronnes en tête, et par exception deux ou cinq. Dans le canton de *Bar-sur-Aube*, on emploie quelquefois, dans les années sèches, les branchages des peupliers à faire de la feuillée pour les moutons. L'élagage, dans ce cas, a lieu au bout de deux ans, au mois de septembre. Dans les cas ordinaires, il se fait pendant l'hiver.

(Art. **593**.)

Il n'existe, dans le département, aucun usage relativement au droit de prendre des échalas pour les vignes, sauf pour le canton d'*Essoyes* où le vigneron peut prendre tous les cinq ans, dans les petits bois et garennes, les échalas dont il a besoin pour le paisselage.

(Art. **644**, **645**.)

Loi du 14 floréal an XI, art. 1. « Il sera pourvu au curage des canaux et rivières non navigables, et à l'entretien des digues et ouvrages d'art qui y correspondent de la manière prescrite par les anciens règlements, ou d'après les usages locaux. »

Il n'a été reconnu par les commissions cantonales aucun usage généralement suivi sur ces matières.

Dans les arrondissements de *Bar-sur-Aube* et *Bar-sur-Seine*, la plus grande partie des cours d'eau sont régis par des titres particuliers, ou des actes administratifs réguliers.

Dans les prairies d'*Ervy*, l'irrigation, d'après un ancien usage, se fait pour la première herbe par des prises d'eau répétées tous les huit ou quinze jours, en mars, avril et mai ; pour les prés à regains, dans les mois de juillet et août, aux mêmes intervalles.

Les cantons de *Nogent, Méry-sur-Seine, Villenauxe* et *Romilly*, se plaignent par l'organe de leurs commissions de l'absence de tous règlements, absence qui, à défaut d'usages reconnus, donne lieu entre les riverains à de nombreuses difficultés, tant pour la jouissance des eaux que pour le curage.

Dans les arrondissements de *Troyes, Bar-sur-Aube* et *Bar-sur-Seine,* le curage des cours d'eau est généralement réglementé par des arrêtés administratifs, et, au cas contraire, se fait à l'amiable par les riverains.

(ART. **663**.)

Dans aucune des villes du département où cet article est applicable, il n'existe d'usage fixant la hauteur des clôtures. On se conforme partout, à cet égard, aux prescriptions et aux indications du Code.

A *Troyes*, il est d'usage constant que la clôture doit consister en un mur fait avec les matériaux du pays. Hors de l'enceinte de la ville proprement dite, c'est-à-dire dans les faubourgs et autres dépendances, les clôtures en palissades sont tenues pour suffisantes, pourvu qu'elles aient la hauteur voulue et ne soient point à claire voie.

L'épaisseur du mur de clôture dans les villes n'étant point, comme sa hauteur, fixée par le Code ou renvoyée aux usages locaux, est laissée, en cas de contestation, à l'appréciation des tribunaux, et peut varier selon la nature des matériaux employés.

(ART. **666**.)

Bien que cet article ne se réfère point aux usages locaux, la plupart des commissions cantonales se sont préoccupées des règles auxquelles doit se conformer le propriétaire qui fait faire un fossé pour se limiter.

Dans les arrondissements de *Troyes, Arcis* et *Bar-sur-Aube,* on laisse habituellement, au-delà du fossé, un franc-bord dont la largeur varie de 16 à 50 centimètres.

Dans l'arrondissement de *Bar-sur-Aube,* ce franc-bord est moins large pour les fossés limitant des prés que pour ceux qui sont faits entre des terres labourées.

Dans l'arrondissement de *Nogent,* les fossés sont faits généralement à rive, sans francs-bords, à l'exception du canton de *Marcilly* où on laisse un franc-bord de 16 centimètres.

Dans l'arrondissement de *Bar-sur-Seine,* les fossés se font partout à rive, mais avec un talus de 45 degrés. Le canton de *Chaource* admet seul un franc-bord de 50 centimètres.

(ART. **671**.)

D'après un usage ancien, qui néanmoins dans la pratique tend chaque jour à disparaître, les arbres de haute futaie dans l'arrondissement de *Troyes* peuvent être plantés à 1 mètre 66 centimètres de l'héritage voisin. Les cantons de *Bouilly, Estissac* et *Aix-en-Othe,* font néanmoins exception et suivent la règle indiquée dans l'article 666, c'est-à-dire la distance de 2 mètres.

Dans les autres arrondissements on se conforme aux dispositions de la loi; seulement par exception, dans la commune de *Lignol,* arrondissement de *Bar-sur-Aube,* les peupliers ne sont plantés qu'à la distance de 3 mètres. A *Essoyes,* arrondissement de *Bar-sur-Seine,* le noyer se plante également à 3 mètres.

Il n'existe plus que quelques anciennes plantations où on retrouve la distance de 1 mètre 66 centimètres. Toutes celles qui ont lieu maintenant, sauf dans une partie de l'arrondissement de *Troyes*, sont faites suivant les prescriptions de l'article 671, à 2 mètres.

Quant aux haies vives et aux arbres de basses tiges, on observe généralement pour leur plantation la distance légale de 50 centimètres.

Il y a néanmoins exception :

1° Pour les peupliers destinés à être étêtés qui se plantent à 1 mètre 50 centimètres dans le canton de *Troyes*.

2° Pour les saules à tête, qui se plantent à 1 mètre, ou 1 mètre 33 centimètres.

3° Pour les malsaux, aulnes et frênes pour lesquels on n'observe que la même distance lorsqu'ils doivent rester en taillis.

4° Pour la vigne qui se plante, suivant les différents cantons, de 16 à 50 centimètres, et même à rive, lorsqu'on se trouve vigne contre vigne.

Dans l'arrondissement de *Bar-sur-Seine,* les provins de vigne se font généralement à rive, excepté pour le canton de *Chaource*, où l'on observe une distance de 16 centimètres.

Dans les arrondissements de *Bar-sur-Aube* et *Nogent*, les bois se plantent à la distance légale de 2 mètres lorsqu'ils sont riverains d'une propriété d'autre nature. Quand ils sont contigus à un autre bois, on ne conserve dans l'arrondissement de *Nogent* aucune distance. On laisse dans celui de *Bar-sur-Aube* un espace de 50 centimètres.

On élague les haies vives de manière à ce qu'elles n'excèdent pas une hauteur limitée de 1 à 2 mètres, suivant les cantons.

(ART. **674**.)

En ce qui concerne la construction des puits et fosses d'aisances, les usages varient dans le département suivant les arrondissements et même les cantons.

Dans les arrondissements de *Troyes* et *Nogent*, on est tenu de faire un contre-mur de 50 centimètres d'épaisseur; néanmoins, dans le canton de *Romilly*, ce contre-mur est fixé à 30 centimètres seulement, à moins que le puits ou la fosse ne se trouvent placés en face d'une autre excavation de même nature, auquel cas le contre-mur est porté à une épaisseur de 90 centimètres.

Le contre-mur n'est point exigé dans le canton d'*Arcis*; mais on doit laisser entre ces héritages et l'héritage voisin une distance de 1 mètre. A *Méry-sur-Seine*, on est tenu d'établir un contre-mur de 33 centimètres. Les autres cantons de cet arrondissement suivent la la coutume de *Paris*.

Les cantons de *Fontaines* et *Bar-sur-Aube*, arrondissement de ce nom, suivent la coutume de *Paris*, à laquelle il n'est dérogé par aucun usage reconnu.

Dans les cantons de *Brienne* et *Vendeuvre*, on exige un contre-mur de 33 centimètres pour les cas ordinaires, et de 1 mètre 50 centimètres dans les cas de contiguité d'un ouvrage de même nature sur l'héritage voisin.

Dans l'arrondissement de *Bar-sur-Seine*, l'usage constant prescrit un contre-mur de 33 centrimètres, seulement à *Mussy-sur-Seine* ce contre-mur est porté à 50 centimètres pour les fosses d'aisances.

En ce qui concerne les cheminées, âtres, fours et forges, l'usage est universellement admis dans le département de faire un contre-mur dont l'épaisseur varie de 17 à 20 centimètres pour les âtres et cheminées, de 33 à 50 pour les fours et forges. On doit en outre laisser entre le mur et le contre-mur un espace de 17 centimètres.

Quant aux étables, amas de matières corrosives et autres, il n'y a point d'usage général et constant. Dans certaines localités, on les place à rive du voisin, sans être astreint à aucune mesure de préservation; dans d'autres, on doit conserver une distance de 1 mètre à 1 mètre 50 centimètres. Dans quelques-unes enfin, notamment dans le canton de *Mussy-sur-Seine,* on établit un contre-mur de 17 à 22 centimètres. Lorsque des difficultés naissent à cet égard entre des voisins, les tribunaux suivent les règles tracées par l'équité et l'intérêt du bon voisinage. Il existe à *Troyes* et à *Arcis* des règlements municipaux sur ces matières.

(ART. **681**.)

Il n'existe aucun usage reconnu en ce qui concerne les matières réglées par cet article, lequel, du reste, ne renvoie point aux usages locaux.

Dans quelques cantons cependant, la largeur du terrain qu'on doit laisser au-delà de la saillie du toit pour recevoir les eaux pluviales est soumise à des règles convenues. Dans le canton de *Brienne*, cette distance est de 12 à 16 centimètres. Dans le canton de *Marcilly-le-Hayer,* on doit laisser une distance double de la saillie du toit, entre le pied du mur et l'héritage voisin. Une réglementation uniforme en cette matière serait désirable pour prévenir entre voisins des discussions souvent plus animées qu'importantes en réalité.

Les droits d'échelage et de tour d'échelle ne sont point non plus réglés par le Code, ni par des usages généralement admis. Néanmoins, dans les cantons de *Brienne*, *Vendeuvre* et *Piney,* quand l'étendue de la servitude du tour d'échelle n'a pas été fixée par le titre qui l'établit, elle doit être limitée à 1 mètre.

PARCOURS ET VAINE PATURE.

(Loi du 6 Octobre 1791, titre I, section IV.)

Un édit du mois de mai 1769, relatif au parcours dans la province de Champagne, porte dans son article 5 les dispositions suivantes :

« Les troupeaux de chaque communauté ne pourront plus à l'avenir être conduits sur le territoire des communautés voisines et adjacentes, sous prétexte du droit réciproque de parcours, lequel sera et demeurera aboli, comme nous l'établissons par notre édit. »

C'est ainsi qu'a disparu pour le département de l'Aube cet usage si contraire aux véritables intérêts de l'agriculture, et qui donnait lieu, le plus souvent, à tant d'abus.

Quatre communes de l'arrondissement de *Nogent* ont conservé cette servitude réciproque établie sur des titres particuliers : ce sont les communes de *La Villeneuve* et *Périgny*, d'une part ; et d'un autre, celles de *Rossenay* et *Rigny*.

L'usage de la vaine pâture au contraire s'est généralement maintenu dans nos communes. Pour le plus grand nombre, il est réglementé par des actes administratifs, quant à la nature et à la quantité des bestiaux qui peuvent y être admis. Ces règlements deviennent de jour en jour plus nombreux, et sont observés notamment chaque fois qu'il survient entre les habitants des communes non encore réglementées, quelques difficultés sur l'exercice du droit non contesté en lui-même.

La vaine pâture s'exerce pendant toute l'année sur les terres incultes ou restées en jachères. Elle n'est pratiquée sur les terres emblavées qu'après l'enlèvement de la récolte ; après la première coupe, dans les prés qui ne produisent pas de regain, et après la deuxième dans ceux qui en produisent. D'après un usage général, elle est close du 1er au 25 mars, sauf les dispositions contraires de quelques règlements particuliers.

GLANAGE. — GRAPILLAGE. — RATELAGE.

Loi du 6 octobre 1791, sect. IV, tit. I, art. 21.

Le glanage, le grapillage, et le ratelage se pratiquent dans tout le département, sans qu'aucun usage spécial en règle le mode. Ces droits sont exercés conformément à la loi du 6 octobre 1791, et dans un certain nombre de communes, suivant des règlements locaux.

BANS DE VENDANGE.

Loi du 6 octobre 1791, titre I, section V, art. 1.

Un assez grand nombre de communes ont conservé l'usage d'établir chaque année un ban pour les vendanges. Cependant, le principe d'une liberté complète, à cet égard, tend chaque jour à s'établir et à se généraliser. Beaucoup de communes ont complétement renoncé à cet usage. Il y a tout lieu de penser que dans un temps rapproché, le système du ban, autrefois à peu près général, aura complétement disparu.

ENLÈVEMENT DE TERRES, PIERRES ET GAZONS COMMUNAUX.

Code pénal, art. 479, § 12. — Loi du 6 octobre 1791, tit. II, art. 44.

Aucun usage reconnu n'autorise ces enlèvements qui, le cas échéant, sont poursuivis et réprimés par les tribunaux de police.

SURMARCHE DES CHAMPS, OU CONTOURNAGE.

Le contournage n'est point admis ni toléré dans la plupart des communes. Les cultivateurs prennent leurs mesures pour ne point fouler, en labourant leur champ, une partie de l'héritage voisin.

Dans d'autres communes, au contraire, où cet usage est admis, il donne lieu de leur part à une indemnité qui est réglée d'après différents principes, suivant les localités.

Ainsi, dans quelques-unes, le laboureur qui a foulé, en faisant sa culture, une partie du champ voisin déjà ensemencée, laboure et sème de nouveau cette partie au profit du propriétaire. Dans d'autres, au contraire, le propriétaire lésé laboure et ensemence lui-même, pour en faire la récolte, une petite partie du champ dont la culture lui a porté préjudice.

Mais ces usages ne sont pas généraux, et ne sont relatés que pour mémoire.

AFFOUAGES.

Code forestier. (Art. 105.)

Dans toutes les communes qui ont la jouissance de parts affouagères, le partage se fait par feux, conformément aux dispositions du Code forestier. La loi du 10 juin 1793, qui prescrivait le partage par tête, ne paraît pas avoir jamais reçu son exécution.

Il existe dans les différentes parties du département des usages très-variés sur la quotité qui est attribuée *aux veufs, aux nouveaux mariés, aux enfants vivant séparément de leurs parents, aux nouveaux arrivants,* ainsi que sur les époques auxquelles ils doivent commencer à jouir de leurs parts. Mais la jurisprudence, ainsi que les instructions administratives, tendent chaque jour à faire disparaître ces divergences et à établir l'égalité qui est dans l'esprit véritable de la loi.

Il n'existe point d'usage spécial quant à la délivrance des bois à bâtir, et le Code forestier reçoit son exécution dans les cas assez rares où cette délivrance doit avoir lieu en certaines communes.

LOUAGE. — LOCATIONS URBAINES.

(Art. 1736.)

Dans les trois cantons de *Troyes*, ceux de *Bouilly* et de *Lusigny*, on suit constamment la maxime : *bail verbal, bail annal.* En conséquence, en cas de *bail non écrit*, ou de bail écrit prorogé par tacite réconduction, il n'est point nécessaire de donner congé avant son expiration. Le bail ainsi convenu ou continué n'est censé fait que pour un an, et cesse de plein droit à l'expiration de l'année.

Dans les autres cantons du département, il y a nécessité de donner congé pour faire cesser ces espèces de baux. Le terme de ces congés, pour les maisons entières, varie suivant l'importance des locations et suivant les localités, de *trois* à *six mois ;* quelquefois même il doit être porté jusqu'à *un an* lorsqu'il a été fait, dans les lieux loués, des *établissements* ou *appropriations* qui présentent une grande importance.

Pour les chambres ou portions de maisons, le congé doit être donné de *six semaines* à *trois mois* avant l'expiration du bail, et *trois mois* généralement pour les boutiques dans toutes les villes du département.

Le locataire doit toujours sortir à jour fixe : il ne lui est point accordé, comme à Paris, un certain délai de tolérance pour déménager.

LOCATIONS RURALES.

Le bail verbal, ou prorogé par tacite réconduction, est censé fait pour un an lorsqu'il s'agit d'immeubles ruraux susceptibles de produits annuels, tels que prés, vignes ou jardins. Il est censé fait pour une durée de trois ans pour tous les autres immeubles, alors même que l'assolement triennal serait modifié ou ne serait point suivi.

En raison de la nature des cultures pratiquées sur les locations rurales, la maxime : *bail annal, bail verbal,* n'est point admise. Il ne serait point possible, à cause des travaux préparatoires qu'exigent presque toutes ces cultures, de laisser jusqu'au dernier moment le locataire ou le propriétaire dans l'incertitude de la cessation ou de la continuation du bail. Aussi, il y a nécessité de part et d'autre, pour empêcher la tacite réconduction, de donner congé *trois* ou *six mois* avant l'expiration de la location, suivant les localités ou l'importance du bail.

Il est d'usage constant que les baux à ferme commencent à courir à la *Saint-Georges,* c'est-à-dire au 23 avril.

On accorde au fermier, pour payer le prix annuel de sa location, un délai qui s'étend généralement jusqu'après qu'il a pu récolter et vendre ses produits : ce terme est habituellement de *dix-huit mois.* Ainsi, le fermier entrant au 23 *Avril* 1856 ne devra la première année de son fermage qu'à la *Saint-Martin* 11 *Novembre* 1857, ou même, dans quelques cantons, au 25 *Décembre.*

(Art. **1777**.)

On se conforme, dans presque tous les cantons, aux prescriptions de cet article.

D'après les usages reconnus et constatés, le fermier sortant a droit à la jouissance d'une partie de la grange pour enserrer ses récoltes ; à une place dans l'écurie pour les chevaux qu'il emploie à les recueillir ; on doit en outre lui réserver une chambre à feu pour son logement, et en général tout ce qui lui est nécessaire pour terminer son exploitation. Néanmoins, c'est toujours le fermier entrant qui est considéré comme le maître de l'habitation ; il y a un droit général, tandis que celui qui sort ne retient que par exception, et pour le temps nécessaire la partie qui lui est indispensable.

Dans le canton de *Villenauxe* c'est, au contraire, le fermier sortant qui a droit à la plus grande part des bâtiments d'exploitation et même d'habitation.

Dans le canton de *Brienne,* le fermier sortant quitte complétement la ferme au *23 avril,* de manière à ne point l'habiter simultanément avec son successeur. Il n'a plus même aucun droit à la jouissance des bâtiments d'exploitation, et engrange ses récoltes au dehors, où bon lui semble.

(Art **1753**.)

Il n'y a point à cet égard d'usage faisant règle générale, seulement, le plus ordinairement les loyers se paient, pour les maisons entières et autres locations un peu importantes, tous les six mois, à la Saint-Jean (25 juin), et à Noël (25 décembre) de chaque année. Pour les petites locations, tous les trois mois : à *Pâques,* à *la Saint-Jean,* à *la Saint-Remi* (1er octobre), et *à Noël.*

Il n'est point d'usage de payer les loyers par anticipation : dans les campagnes ils ne se paient généralement qu'après chaque année de jouissance en une seule fois.

(Art. **1754**.)

A Troyes, indépendamment des réparations énoncées dans cet article, le locataire est tenu, à sa sortie, du ramonage des cheminées et du blanchiment des plafonds et parois, à partir du sol jusqu'en haut.

En outre les propriétaires ont généralement la prétention d'exiger la réfection complète des peintures lorsqu'elles étaient neuves au moment de l'entrée en jouissance, et dans tous les cas la pose de papiers neufs.

Cette prétention qui, depuis longtemps, a donné lieu à de fréquents débats entre les propriétaires et les locataires sortants, a été souvent admise comme étant consacrée par un usage devenu obligatoire. Mais depuis quelques années surtout, elle a trouvé une vive résistance. Elle n'est plus reconnue, au moins généralement par les tribunaux compétents, et tend de jour en jour à disparaître comme contraire au texte et à l'esprit de l'article 1755.

A *Piney* et à *Brienne* l'usage est le même qu'à *Troyes*, sauf en ce qui concerne les peintures, dont on n'exige que le lavage, et les papiers dont le renouvellement n'est point à la charge des locataires, à moins d'avaries graves.

Partout ailleurs dans le département on se conforme exactement aux prescriptions de l'article 1754.

Quand il y a un puits dans la maison louée, c'est le locataire qui doit fournir les cordes.

Il doit encore, d'après l'usage, entretenir les haies sèches et vives, et pourvoir à ses frais au curage des fossés de clôture.

(Art. 1758.)

L'usage le plus général est que ces locations soient faites au mois.

(Art. 1780-1736.)

Les domestiques de ferme et de culture se louent ordinairement à l'année. Pour certains cantons cette année commence à la Saint-Jean (25 juin), et pour d'autres à la Saint-Martin (11 novembre). Après un an le service cesse de plein droit, sans que les parties aient besoin de se prévenir à l'avance.

L'engagement se contracte d'habitude par la remise faite au domestique d'une certaine somme d'argent à titre d'*arrhes*. Cette somme, dans quelques contrées, devient pour lui un *boni* en sus de ses gages; dans d'autres elle est retenue plus tard sur le prix convenu de ses services.

Quant aux domestiques de ville attachés à la personne, les gages sont fixés pour l'année, mais en réalité ils sont loués à la journée, et leur service cesse en se prévenant réciproquement huit jours à l'avance. Mais le maître peut renvoyer immédiatement son domestique en lui donnant une indemnité qui représente huit jours de nourriture et de gages.

Dans les pays de culture de la vigne, les vignerons qui ont commencé pour un propriétaire les travaux de l'année, doivent les continuer jusqu'à ce que la vigne soit en état de récolte, et terminer ainsi ce qu'on appelle les façons de la vigne.

(*Fin du Rapport de M. ANGENOUST.*)

Nous venons, Messieurs, de passer en revue tout le cercle des travaux auxquels se sont livrées les commissions cantonales : nous n'avons pas dû aller au-delà. Ils nous ont paru comprendre tous les usages auxquels se réfèrent le Code et quelques lois spéciales, en leur conservant une force obligatoire. Leur examen rentrait seul dans nos attributions et dans les intentions de l'administration supérieure.

Notre résumé, nous le répétons, a dû vous paraître une nomenclature sèche et aride ; mais nous devions rechercher avant tout l'exactitude et la clarté ; nous devions être sobres de commentaires et de réflexions : nous devions l'être même dans l'expression des vœux que pouvait suggérer l'examen auquel nous nous sommes livrés.

Nous croirons avoir suffisamment rempli notre but si notre travail préparatoire peut vous mettre à portée de répondre, d'une manière complète, à l'appel qui vous a été fait.

TABLE DES MATIÈRES.

Arrondissement de Bar-sur-Seine.

Arrondissement de Nogent-sur-Seine.

Troyes. — Typographie de Cardon.

www.ingramcontent.com/pod-product-compliance
Ingram Content Group UK Ltd.
Pitfield, Milton Keynes, MK11 3LW, UK
UKHW020247180726
13839UKWH00001B/226